思想的・睿智的・獨見的

經典名著文庫

學術評議

丘為君　吳惠林　宋鎮照　林玉体　邱燮友

洪漢鼎　孫效智　秦夢群　高明士　高宣揚

張光宇　張炳陽　陳秀蓉　陳思賢　陳清秀

陳鼓應　曾永義　黃光國　黃光雄　黃昆輝

黃政傑　楊維哲　葉海煙　葉國良　廖達琪

劉滄龍　黎建球　盧美貴　薛化元　謝宗林

簡成熙　顏厥安（以姓氏筆畫排序）

策劃　楊榮川

五南圖書出版公司 印行

經典名著文庫

學術評議者簡介（依姓氏筆畫排序）

- 丘為君　美國俄亥俄州立大學歷史研究所博士
- 吳惠林　美國芝加哥大學經濟系訪問研究、臺灣大學經濟系博士
- 宋鎮照　美國佛羅里達大學社會學博士
- 林玉体　美國愛荷華大學哲學博士
- 邱燮友　國立臺灣師範大學國文研究所文學碩士
- 洪漢鼎　德國杜塞爾多夫大學榮譽博士
- 孫效智　德國慕尼黑哲學院哲學博士
- 秦夢群　美國麥迪遜威斯康辛大學博士
- 高明士　日本東京大學歷史學博士
- 高宣揚　巴黎第一大學哲學系博士
- 張光宇　美國加州大學柏克萊校區語言學博士
- 張炳陽　國立臺灣大學哲學研究所博士
- 陳秀蓉　國立臺灣大學理學院心理學研究所臨床心理學組博士
- 陳思賢　美國約翰霍普金斯大學政治學博士
- 陳清秀　美國喬治城大學訪問研究、臺灣大學法學博士
- 陳鼓應　國立臺灣大學哲學研究所
- 曾永義　國家文學博士、中央研究院院士
- 黃光國　美國夏威夷大學社會心理學博士
- 黃光雄　國家教育學博士
- 黃昆輝　美國北科羅拉多州立大學博士
- 黃政傑　美國麥迪遜威斯康辛大學博士
- 楊維哲　美國普林斯頓大學數學博士
- 葉海煙　私立輔仁大學哲學研究所博士
- 葉國良　國立臺灣大學中文所博士
- 廖達琪　美國密西根大學政治學博士
- 劉滄龍　德國柏林洪堡大學哲學博士
- 黎建球　私立輔仁大學哲學研究所博士
- 盧美貴　國立臺灣師範大學教育學博士
- 薛化元　國立臺灣大學歷史學系博士
- 謝宗林　美國聖路易華盛頓大學經濟研究所博士候選人
- 簡成熙　國立高雄師範大學教育研究所博士
- 顏厥安　德國慕尼黑大學法學博士

經典名著文庫191

人類知識原理

A Treatise Concerning the Principles of Human Knowledge

喬治・巴克萊(George Berkeley) 著

關文運 譯

俞懿嫻 校譯、導讀

經典永恆・名著常在

五十週年的獻禮・「經典名著文庫」出版緣起

總策劃

五南，五十年了。半個世紀，人生旅程的一大半，我們走過來了。不敢說有多大成就，至少沒有凋零。

五南忝爲學術出版的一員，在大專教材、學術專著、知識讀本出版已逾壹萬參仟種之後，面對著當今圖書界媚俗的追逐、淺碟化的內容以及碎片化的資訊圖景當中，我們思索著：邁向百年的未來歷程裡，我們能爲知識界、文化學術界做些什麼？在速食文化的生態下，有什麼值得讓人雋永品味的？

歷代經典・當今名著，經過時間的洗禮，千錘百鍊，流傳至今，光芒耀人；不僅使我們能領悟前人的智慧，同時也增深加廣我們思考的深度與視野。十九世紀唯意志論開創者叔本華，在其〈論閱讀和書籍〉文中指出：「對任何時代所謂的暢銷書要持謹慎的態度。」他覺得讀書應該精挑細選，把時間用來閱讀那些「古今中外的偉大人物的著作」，閱讀那些「站在人類之巔的著作及享受不朽聲譽的人們的作品」。閱讀就要「讀原著」，是他的體悟。他甚至認爲，閱讀經典原著，勝過於親炙教誨。他說：

「一個人的著作是這個人的思想菁華。所以，儘管一個人具有偉大的思想能力，但閱讀這個人的著作總會比與這個人的交往獲得更多的內容。就最重要的方面而言，閱讀這些著作的確可以取代，甚至遠遠超過與這個人的近身交往。」

爲什麼？原因正在於這些著作正是他思想的完整呈現，是他所有的思考、研究和學習的結果；而與這個人的交往卻是片斷的、支離的、隨機的。何況，想與之交談，如今時空，只能徒呼負負，空留神往而已。

三十歲就當芝加哥大學校長、四十六歲榮任名譽校長的赫欽斯（Robert M. Hutchins, 1899-1977），是力倡人文教育的大師。「教育要教眞理」，是其名言，強調「經典就是人文教育最佳的方式」。他認爲：

「西方學術思想傳遞下來的永恆學識，即那些不因時代變遷而有所減損其價值的古代經典及現代名著，乃是眞正的文化菁華所在。」

這些經典在一定程度上代表西方文明發展的軌跡，故而他爲大學擬訂了從柏拉圖的《理想國》，以至愛因斯坦的《相對論》，構成著名的「大學百本經典名著課程」。成爲大學通識教育課程的典範。

歷代經典．當今名著，超越了時空，價值永恆。五南跟業界一樣，過去已偶有引進，但都未系統化的完整舖陳。我們決心投入巨資，有計劃的系統梳選，成立「經典名著文庫」，希望收入古今中外思想性的、充滿睿智與獨見的經典、名著，包括：

- 歷經千百年的時間洗禮，依然耀明的著作。遠溯二千三百年前，亞里斯多德的《尼各馬科倫理學》、柏拉圖的《理想國》，還有奧古斯丁的《懺悔錄》。
- 聲震寰宇、澤流遐裔的著作。西方哲學不用說，東方哲學中，我國的孔孟、老莊哲學，古印度毗耶娑（Vyāsa）的《薄伽梵歌》、日本鈴木大拙的《禪與心理分析》，都不缺漏。
- 成就一家之言，獨領風騷之名著。諸如伽森狄（Pierre Gassendi）與笛卡兒論戰的《對笛卡兒沉思錄的詰難》、達爾文（Darwin）的《物種起源》、米塞斯（Mises）的《人的行爲》，以至當今印度獲得諾貝爾經濟學獎阿馬蒂亞・

森（Amartya Sen）的《貧困與饑荒》，及法國當代的哲學家及漢學家余蓮（François Jullien）的《功效論》。

梳選的書目已超過七百種，初期計劃首爲三百種。先從思想性的經典開始，漸次及於專業性的論著。「江山代有才人出，各領風騷數百年」，這是一項理想性的、永續性的巨大出版工程。不在意讀者的眾寡，只考慮它的學術價值，力求完整展現先哲思想的軌跡。雖然不符合商業經營模式的考量，但只要能爲知識界開啓一片智慧之窗，營造一座百花綻放的世界文明公園，任君遨遊、取菁吸蜜、嘉惠學子，於願足矣！

最後，要感謝學界的支持與熱心參與。擔任「學術評議」的專家，義務的提供建言；各書「導讀」的撰寫者，不計代價地導引讀者進入堂奧；而著譯者日以繼夜，伏案疾書，更是辛苦，感謝你們。也期待熱心文化傳承的智者參與耕耘，共同經營這座「世界文明公園」。如能得到廣大讀者的共鳴與滋潤，那麼經典永恆，名著常在。就不是夢想了！

二〇一七年八月一日　於

五南圖書出版公司

導讀

東海大學哲學系教授　俞懿嫻

一、生平與著作*

本書的作者喬治・巴克萊（George Berkeley，一六八五－一七五三），

---

* 有關巴克萊的生平與著作簡介，主要參考：

一、Downing, Lisa, "George Berkeley", *The Stanford Encyclopedia of Philosophy* (Fall 2021 Edition), Edward N. Zalta (ed.)。網址：https://plato.stanford.edu/archives/fall2021/entries/berkeley/

二、George Berkeley（From Wikipedia, the free encyclopedia）。網址：https://en.wikipedia.org/wiki/George_Berkeley

三、Daniel E. Flage, "George Berkeley (1685-1753)", *The Internet Encyclopedia of Philosophy*。網址：https://iep.utm.edu/george-berkeley-british-empiricist/

一六八五年出生於愛爾蘭基爾肯尼（Kilkenny, Ireland）附近，長於迪瑟特堡（Dysart Castle），父親是英格蘭人，先祖溯及英格蘭格洛斯特的領主（Feudal Lords of Gloucester）。

一六九六年，巴克萊就讀於基爾肯尼學院（Kilkenny College）。一七〇〇年進入都柏林三一學院（Trinity College, Dublin），至一七〇四年畢業（其後，巴克萊留在三一學院，直到一七二四年）。一七〇九年，他出版了《視覺新論》（*An Essay Towards a New Theory of Vision*）一書，探討距離感的產生、人類視覺的界限、視覺和觸覺的關係等課題，如：提出物質客體（material objects）並非視覺的對象，光和色才是的理論。一七一〇年，他受命爲聖公會（Anglican Church）的牧師，同年出版了本書——《人類知識原理（第一部）》（*A Treatise Concerning the Principles of Human Knowledge, Part I*），但之後他從未出版過第二部。本書與英格蘭人約翰·洛克（John Locke，一六三二—一七〇四）的《人類理解論》（*An Essay Concerning Human Understanding*，一六七一）、蘇格蘭人大衛·休謨（David Hume，一七一一—一七七六）的《人性論》（*A Treatise of Human Nature*，一七三九）齊名，爲英國經驗論（British Empiricism）三大經典巨著之一。相較於鴻篇巨帙的《人類理解論》和《人性論》，《人類知識原理》顯得輕薄短小了些，但絲毫無損其中論述的分量。一七一二年，巴克萊出版了《被動服從》（*Passive Obedience*）一書，關注道德與政治哲學。一七一三年，又出版了《西拉斯和菲羅努斯的三場對話》（*Three Dialogues between Hylas and Philonous*），他在書中以「菲羅努斯」（Philonous）① 代表自己的觀點，以「西拉斯」（Hylas）② 代表反對者的觀點，尤其是洛克的觀點。不久後，巴克萊訪問英格蘭，結識了詩人亞歷山大・波普（Alexander Pope）。

一七一四年之後，巴克萊漫遊歐洲大陸。曾伴隨阿許主教（Bishop Ashe）之子任西西里大使的祕書，在法國遇見機緣論者（occasionalist）梅利布蘭奇（Nicholas Malebranche，一六三八—一七一五）、在義大利看見維蘇威火山（Mount Vesuvius）爆發。一七二一年，他出版《論運動》（*De Motu, On Mo-*

---

① 希臘文的本意是「心靈的愛好者」（lover of mind）。

② 希臘文的本意是「物質」（matter）。

tion）一書，對牛頓（Isaac Newton，一六四二—一七二七）物理學有關絕對時間、空間和運動的概念提出反駁；同年，他受命爲愛爾蘭卓莫爾教堂主持（Dean of Dromore）。一七二四年，任狄瑞教堂主持（Dean of Derry），從此離開都柏林三一學院。

一七二五年，巴克萊計劃在英國殖民地百慕達（Bermuda）成立培養神職的學院。一七二八年，他和安·福斯特（Anne Forster）結婚，婚後與妻子前往北美羅德島（Rhode Island），等待英國政府補助學院的經費，直至一七三一年確定不會有補助了，於隔年返回英國。一七三二年，出版《艾爾西芬》（*Alciphron*），虛擬基督教護教者和英國國教之敵——「自由思想家」之間的論辯。之後，他接連出版《視覺理論》（*Theory of Vision*）、《辯護和解釋》（*Vindicated and Explained*）以及《分析者》（*Analyst*）等書，一方面維護自己早期的視覺理論，另一方面批判牛頓微積分的基礎。

一七三四年，巴克萊受命爲愛爾蘭克洛因聖公會主教（Bishop of Cloyne of the Anglican Church of Ireland），回到愛爾蘭。擔任主教期間，他竭盡心力地協助貧苦教友改善生活，對他們的經濟處境、教育和健康都十分關注。事實上，出於對人們健康的重視，他不斷研究各種既便宜又具有療效的處方，其中之一便是「松焦油水（tar water）」。一七四四年，他出版了最後一本書——《西瑞斯》（*Siris*），將松焦油水視爲藥用萬靈丹，並提出「存有之鏈」（a chain of being）的說法：哲學家默思可見，從感官世界階升③至心靈世界，再升至超自然的上帝，是存有的漸次演化或階升（a gradual evolution or ascent）。一七五二年，爲了照看兒子喬治的教育，巴克萊帶著家人離開克洛因到牛津（他原有七個孩子，最後只有三個存活，喬治是其中之一）。一七五三年，巴克萊在牛津逝世，他的妻子安在身旁唸著傳道詞，讓他永歸主懷。

二、思想背景

綜觀巴克萊的生平和著作可知，他生活於歐洲十七世紀科學興起、十八世紀啟蒙運動之間，是西方思潮最澎湃洶湧的時代（他比英國經驗論巨擘洛克約晚六十年出生）。只因先祖是英格蘭的貴族世家，即使生在多數信仰羅馬天主教的

③ 指有等級的上升，不同於提升。（後同）

愛爾蘭，他始終擔任聖公會的神職工作，在信仰上傾向新教（Protestant）。巴克萊的宗教與政治背景，可見於他將《人類知識原理》獻給彭布羅克伯爵湯瑪斯（Earl of Pembroke Thomas，約一六五六－一七三三）一事上，後者當時是英格蘭派駐愛爾蘭的統治者，《人類知識原理》出版時，巴克萊年僅二十五歲，爲了讓這本書受到重視，巴克萊特別寫信給他。

在哲學思想上，巴克萊雖然一面追隨著洛克的英國經驗論，另一面卻對「笛卡兒—洛克實體理論」（Descartes-Locke theory of substances）以及牛頓物理學大加批判。當時笛卡兒（René Descartes，一五九六－一六五〇）、牛頓和洛克的「物質實體」（material substance）概念正流行一時，是研究自然科學不可或缺的假說。巴克萊卻逆勢操作，斷然否定物質的存在，顯然是出於宗教考量。他認爲物質和物質實體是唯物論（materialism）和無神論（atheism）的基本主張，從而衍生出認識上的二元論（epistemological dualism）和懷疑主義（scepticism）種種謬誤。洛克等人主張「物質實體」只是一個物在其自身不可知的抽象觀念（an abstract idea），而抽象觀念只是出於語言的誤用，才使我們以爲它們眞實存在。

抽象觀念形成錯誤的知識原理，實乃探究眞正知識的障礙，而掃除這些認識上的謬誤，釐清人類知識原理，是哲學的首要課題——這便是巴克萊撰寫《人類知識原理》一書的主要理由。

在科學唯物論盛行的歐洲，巴克萊大膽地提出否定唯物論的學說，主張違背常識的「心外無物」理論。他深知這項理論一定會受到許多批評、反對和質疑，於是在書中提出一系列論證、問難和答辯，從存有論、認識論、自然哲學、數學與宗教方方面面的角度，爲其立場辯護。末了他強調自己的說法眞確無誤，接受他的理論可帶來莫大益處，避免無神論和異端信仰，擺脫陷溺於思辨學者們有害無益的空洞思想。

三、基本哲學立場

就巴克萊基本的哲學立場而言，無疑是跟隨著洛克《人類理解論》有關人類知識起源的學說（the origins of human knowledge）。在《人類理解論》中，洛克一方面主張人心如白板（*tabula rasa*），否定人有先天觀念（innate ideas）或原理之知；另一方面主張所有的知識起於並且基於經驗（experience）所提供的觀念。經驗提供的觀念來源有二：一是感覺（sensation），二是反省（reflEion）或內感（internal sense）。前者是來自五官（眼、耳、鼻、舌、身）而有的可感覺性質（sensible qualities），如：眼觀色、耳聽聲、鼻嗅味等；後者是人心對自身運作（operations）的反省，如：知覺、思想、懷疑、信仰、推論、認知、意志、回憶、區分、比較、組合、命名、抽象等官能（faculties）與運作。

四、主觀觀念論與非物質論

巴克萊認爲，依照洛克的說法，所有人類的知識基於觀念，而觀念必然存在於人心之中，唯有人心能認識事物的存在，則一切存在的事物無一不被知覺。基於宗教虔信，站在「非物質論」（immaterialism）或「反唯物論」（anti-materialism）的立場，巴克萊於是提出「存在即被知覺」（*esse est percipi*, to be is to be perceived）或者「心外無物」（nothing exists outside the mind）的主張。這個立場，一般也稱作是「主觀觀念論」（subjective idealism），即否定心靈之外另有客觀世界，也否定物質實體（matter or material substance）的存在。

然而，洛克認爲我們心中有的是觀念，但引發觀念的原因（causes），卻來自於人心之外的物質事物或物體（physical objects）。自然萬物獨立存在，它們引發知覺的觀念只是事物的表象（representations），並不是事物本身，這就是所謂「知覺的表象論」（the representative theory of perception）。這些表象代表的性質，有些屬於物體其自身，絕對不能與物體分離。洛克追隨了伽利略（Galileo Galilei，一五六四—一六四二）、笛卡兒、牛頓和波以耳（Robert Boyle，一六二七—一六九一）等人的說法，認爲物體本身只有廣延（extension）、形狀、運動、靜止、堅固和數目等性質，他援用波以耳的說法，稱之爲物體的「初性」（primary qualities）；有些性質不屬於物體本身，而是初性作用於我們的感官之上產生的性質，如：色、聲、香味等，他稱爲「次性」（secondary qualities）。

五、反初性與次性二分

「初性」與「次性」二分的說法，最早可溯及古希臘原子論者德謨克利圖斯（Democritus，公元前四六〇—三七〇），他曾區分原子本身的物理性質和原子運動所造成的可感覺性質，此說也是現代物理學的基本主張。

在本書中，巴克萊主要批判的還是洛克的說法。首先，巴克萊認爲洛克所說的「初性」，根本離不開「次性」。我們不可能有了對物體的廣延、動靜、形狀等知覺，卻沒有顏色、聲音、味道等知覺，也不可能有了顏色的知覺，卻沒有與之一起的形狀、動靜等觀念。其次，初性和次性一樣都是觀念，如果次性在人心之中，初性也一樣不能外於人心而存在。其三，洛克認爲次性是出於人的主觀，那麼初性也一樣不能脫離人的主觀。在不同的知覺條件下，從不同的角度、觀點、光線來看，我們對於相同的物體可能會有不同感覺。同樣地，從不同的角度、觀點、距離看同一物體，我們對於所謂物體的初性：形狀、大小、體積等，也會有不同的感覺。因此，洛克認爲初性是物體自身的性質，獨立於人心的認知，和我們眞實的經驗事實相違。初性和其次性一樣，不能獨立於人心之外而存在。

六、反物質實體

洛克的「初性」與「次性」二分主張，自然預設了物質實體的存在：初性是物體自身的性質，那麼物體自身就是物質實體了。洛克稱這「實體」是支撐（support）或承載（bear）事物性質（properties）的「某種東西」（something），例如：鉛的實體觀念是由承載淡白色、有某種程度的重量、硬度、柔韌和可熔度等觀念所形成的。我們透過感官知覺到的是實體承載的各種可感覺性質，但實體本身卻不是任何感官可以認識的，因此洛克說：

> 如果要任何人考察他自己對於純粹實體的一般理念（Notion of pure Substance in general），他會發現自己沒有任何觀念，只有一種他不知道是什麼的設定（Supposition）在支撐那些性質，那可以在我們心中產生簡單觀念的；我們一般稱之爲是偶性（Accidents）。（《人類理解論》，第二卷，第二章）

他接著承認說：

> 我們有的觀念，我們給予實體這一普通名稱（the general name），什麼都不是（being nothing），不過是設定的，是那些我們所發現存在的性質不可知

> 的支撐，那我們認爲如果沒有它的支撐，事物的性質便無法持續存在（*sine re substante*），我們稱那支撐爲實體（*Substantia*）；根據這個詞的眞實含義，英文來說就是在之下（standing under），或者是支托（upholding）。
>
> （《人類理解論》，第二卷，第二章）

正因爲洛克一再表明實體是某種不可知的支撐（unknown substratum），因而受到巴克萊的強烈批評：說有某種不可知的東西存在，其實是一種限制知識的懷疑主義；說實體既是一種觀念又不可知，更是自相矛盾之詞。

七、批判抽象觀念

就巴克萊看來，說知道一個不可知的事物，顯然在主張一種「抽象觀念」，而這正是人類知識錯誤的根源。

根據洛克的說法，心靈本就具有區分、比較、組合、命名、抽象等官能，可以藉著指稱某類事物的普通名稱進行思考，思考的對象便是抽象觀念。普通名稱所指涉的是某類事物和集合，如：人、植物、馬、金屬等，由個別事物所構成的。可以說抽象觀念是心靈運用抽象能力，從個別事物抽取出共同的部分形成的。例如：從個別的人抽取出其中共同獨特的部分，形成人的抽象觀念。洛克說：「由於所有存在的事物都是特殊個別的（particulars），怎麼樣可以運用普通語詞（general terms），讓它們來代表我們所發現事物的普通性質（general natures）？語詞成爲普通的，就是作爲普通觀念的符號標誌（the signs of general ideas）；觀念成爲普通的，便是將它們從決定其成爲這個或那個特殊存在的時間、地點和其他觀念個別情況中抽離出來。藉著抽象作用的方式，它們便可以代表更多的個體，其中每一個都與該抽象觀念相符，這就是同類事物。」（《人類理解論》，第二卷，第二章）

這裡洛克所說的「特殊個別的」，也就是哲學上所謂的「殊相」，是一切存在於特定時空之中的具體事物，就人而言，是指張三、李四、王五等個別的人。「殊相」是與「共相」（universals）對立的概念，後者則是指抽離個別的人之特殊情況後，得到所有人的共同特性（commonness）和普通觀念。這樣的「共相」或普通觀念是否眞實存在？哲學上的唯實論（realism）認爲它們眞實存在，如柏拉圖（Plato，公元前四二八—三四八）的理型論（doctrine of forms）所主張；概念論（conceptualism）認爲它們只是以概念的形式存在，此外並不存在，如湯瑪斯・阿奎納斯（Thomas Aquinas，一二二四－一二七四）所主張。哲學上的唯名論（nominalism）則認爲共相並不存在，只有個別事物才眞實存在，所謂共相不過是用來指稱所有同類事物的名稱而已。站在經驗論的立場，洛克認爲所有事物都是「特殊個別的」，又說可以運用普通語詞來代表事物的通性，顯然是唯名論的主張。另一方面，洛克卻承認有所謂普通或抽象觀念的存在，這麼一來，他的立場又近乎概念論了。巴克萊因此批評洛克所說的抽象觀念，若是指代表某類事物的普通觀念，例如：說「人」是個既沒有高矮、沒有胖瘦，也沒有任何形狀，卻是個代表所有人的觀念，那可就令人無法理解了。巴克萊顯然採取了更爲澈底的唯名論立場，他認爲普通語詞代表某一類東西，只是把它們運用在所有同類的個別事物上罷了。普通語詞本身並不是一個東西，只是一個事實，是它們應用在所有同類事物上的一個事實罷了。由此可見，抽象觀念是沒有必要的無用之物，許多哲學家卻受到它們的誤導與糾纏，成爲人類知識錯誤的重要來源。

八、本書主要論述

綜上所述，基於對洛克初性與次性二分、物質實體、抽象觀念等學說的批判，巴克萊得出了物質和物質實體並不存在的結論（洛克和笛卡兒一樣，主張實體有三種：物質、心靈與神）。巴克萊否定了物質實體，只剩下「心靈」和「神」這兩種實體存在，便達到了他主張唯心論（idealism，或譯爲「觀念論」）和有神論（theism）的目的。於是巴克萊提出了違背一般人常識經驗的主張：「存在即被知覺」，在心靈之外，沒有任何物質事物存在。基於上述主張，他在《人類知識原理》一書中提出了以下論述。

(一)觀念與理念的區分

人類知識只有二種，一是觀念的，另一是精神的，兩者皆在人心之中，並無心外的知識。有關觀念相關的知識來自於心中的知覺，無論這心是我個人的心，還是他人的心，或者是上帝的普遍心靈。有關精神的知識，我們稱之爲「理念」（notion）。我們對於自己的心靈、他人的心靈、上帝的心靈和關係，這些無法透過觀念認知的，皆有理念的知識（notional knowledge）。

㈡存在即被知覺

心靈所知覺到的觀念與眞實的事物不可或分，我們無法離開感官知覺設想任何可感覺的事物，存在即被知覺。

㈢觀念的來源

一切觀念感覺或知覺到的事物都是非主動的（inactive）、無力量（powerless）和惰性的（inert），不能成爲任何事物的原因。觀念的原因是無形的主動實體（an incorporeal active substance）或精神；人心則有兩種主動的力量：知性（understanding）和意志（will），後者可以激發心中的觀念。我們憑感官知覺到的觀念並不依靠我們的意志，而是由別的意志或精神來產生那些觀念。

㈣感覺與想像觀念的區分

上帝在我們心中激起的感覺觀念（ideas of sense），依一定規則組織連結，即所謂的自然規律（the laws of nature）。我們以此得到一種先見，作爲行爲規範，促進人生利益。這些觀念就是實在事物本身，和混亂無規則、虛構的想像觀念（ideas of imagination）明顯不同。

㈤非物質論

沒有不為人心所知的物質實體存在，一切可以用物質或物質實體解釋的事物，同樣可以用觀念解釋。換言之，透過觀念來理解一切事物，並無損於事物的實在性。

㈥唯名論與反抽象觀念

只有被知覺的殊別事物才眞實存在，抽象觀念並不存在。人們之所以以為抽象觀念眞實存在，乃至於形成阻礙知識的虛假原理，其根源在於語言文字。人們以為有普通名稱或通名（general names），便有相應的普通抽象觀念存在。語言文字不僅有傳達、溝通特定意義的作用，還可以引起人的情感、刺激和阻卻人的行動，使人心有某種特殊的傾向。但事實上，抽象觀念是不可能的，它們並沒有媒介且引發各種情緒的功能，反而會有誤導人心的作用。

㈦反動力因

觀念之間有秩序、有規律的必然連結是出於上帝的精神力量、明智設計，而非出於機械性的動力因果關係。

㈧基督教有神論

否定物質存在，可避免無神論、宿命論（fatalism）、偶像崇拜、蘇西尼主義（Socinianism）等。

九、總結與評估

就西方哲學史的發展而言，巴克萊在英國經驗論具有承先啟後的地位。一方面他繼承了洛克經驗論的基本主張：一切知識起於經驗，同時貫徹了洛克的基本主張，推出心外無物的說法，否定物質實體的存在。另一方面，他啟發了休謨之後澈底否定所有的實體，包含心靈、物質和神，促成近世懷疑主義的發展。就唯心論思想的發展而言，巴克萊也是先驅人物之一，和歐陸理性論者萊布尼茲（Gottfried Wilhelm Leibniz，一六四六—一七一六）相當，兩人都主張構成宇宙萬有的基本成分是精神性的心靈或知覺。不過他對經院哲學批判的態度，全面否定抽象觀念的作用，也不免重傷傳統形上學。又巴克萊否定動力因，認爲我們只能根據知覺到的觀念和現象來認識世界，其背後並沒有引發觀念和現象的物質動因，因而成爲近代現象論（phenomenalism）的始祖。

由於巴克萊的思想早熟，上述學說盡皆納於本書之中。本書出版時，他年僅二十五歲，而本書雖然短小輕薄，卻具有舉足輕重的地位。其中「存在即被知覺」之說，更有「驚世駭俗」的效果。巴克萊也深知將山河大地、日月星辰、房屋樹木、衣服食物皆看作是人心之中的「觀念」，大大地背離了人們的日常經驗，而否定物質實體的存在，或將摧毀科學探究的根基。但他之所以敢冒天下之大不韙，提出這項學說，純然出於宗教的意圖。自從十七世紀科學興起，西方思潮便深陷於唯物論、機械因果論、認識上的二元論以及懷疑主義的泥潭，終而導致無神論的甚囂塵上，動搖基督信仰。身爲英國國教的虔誠教徒，巴克萊一方面加入了啟蒙以來自然神論（deism）的潮流，認可上帝創造的律則即是自然律，另一方面堅持上帝是唯一創造的來源，我們知覺到的眞實觀念，皆出於上帝明智的安排，以有別於人心虛構的想像。就這點而言，巴克萊和明朝王陽明心學的「心外無物」之說，還是頗有不同的。

不可否認的，巴克萊唯心論的主張，背離了現代科學唯物論的主流思潮，他的有神信仰也未必見容於懷疑主義、無神論和世俗主義盛行的現代。就這點來看，休謨要比巴克萊對當代哲學更具影響力，不過巴克萊的特立獨行，在科學盛行的時候主張唯心論，反對唯物論，還是得到當代歷程哲學（process philosophy）奠基者懷德海（A. N. Whitehead，一八六一－一九四七）的青睞。在懷德海的早期著作中，明顯可見巴克萊的影響：知覺、意義（significance）、普遍的心（universal mind），成爲構成懷德海早期自然哲學的重要因素。而懷德海提出的「自然兩橛的謬誤」（the fallacy of the bifurcation of nature）、「高度抽象非具體事實」等主張，也無一不見巴克萊的烙印。細節詳情，請參閱拙作《懷海德自然哲學——機體哲學初探》（二〇〇一）一書。

本書根據關文運先生一九三六年在商務印書館出版的舊作譯本校改，英譯本則根據阿姆斯壯（David M. Armstrong）於一九六五年所編的《巴克萊哲學著作》（*Berkeley's Philosophical Writings*）一書所收錄的原作。爲了方便讀者檢索，特臚列本書綱要如後。

十、附錄：本書綱要

《人類知識原理》是由二十五個小節的〈緒論〉和一五六個小節的〈第一部〉所組成。

(一)緒論

節	摘要
1-5	巴克萊開宗明義地表示，哲學的工作在考究人類知識的第一原理（the first principles of human knowledge），而對這項原理最大的干擾，則出於錯誤的原理。而錯誤的原理，主要出自於語言的誤用：反映在抽象的普通觀念（abstract general ideas）和其名稱的使用上。
6-9	知識錯誤的主要來源是抽象觀念，主要出於心靈的概括、組合和抽象的作用。
10-11	自問心靈無法形成普通觀念（general ideas），反駁辯護此說者。
12	普通語詞僅代表同類的個別觀念，不等於是抽象的普通觀念。
13-17	反對洛克的抽象普通觀念之說，以及經院學者抽象性質和理念（abstract natures and notions）的學說。
18-25	抽象觀念的錯誤根源於語言，並沒有以通名表達的抽象普通觀念。

(二)第一部

節	摘要
1-8	明確提出主觀唯心論的基本主張：觀念是知識的對象、只有主動能知覺的心靈、精神、靈魂存在，存在即被知覺。說有不被知覺的事物存在，顯然矛盾。觀念背後並沒有無思想的實體或者基質；觀念即是真實事物本身，並非真實事物的仿本（resemblances）或表象（representations）。
9-16	反對洛克「初性與次性二分」的學說。
17-21	反對物質實體之說。
22-29	提出精神實體及其作用之說。
30-33	區分真實的感覺觀念與虛構的想像觀念，前者符合自然規律，後者則否。
34-36	就前述學說反覆駁答，一駁觀念虛幻說，肯定精神實體。
37-41	二駁實體一詞有意義，以「觀念」取代「事物」合乎真實。

節	摘要
42-44	三駁距離可證心外有物。
45-48	四駁我們不知覺，事物即不存在；存在即被知覺，是指被任何所有的心靈和精神所知覺。
49	五駁廣延形狀在心中，即心有廣延形狀。
50	六駁解釋自然必須假設物質微粒，其實無此假設也可解釋一切。
51	七駁以精神活動直接解釋事物荒謬。然思想遵從真理，言談依從俗人，說實體（事物）可與偶性（觀念）分開，更無根據與意義。
52-55	八駁物質實體論證為人類普遍同意，不可能錯誤。然詳查人們以為無感覺、無思想的物質存在，實為自欺。而即使全人類固執同意這想法，也不足以證明其正確。
56-57	九駁以物質為刺激感覺產生原因的偏見，出於感受到是心外原因造成。然假設無活力之物質為原因是矛盾的，且無視於主動精神的運作。
58-59	十駁以哲學及數學真理與心外無物之說不合，其實只要正確理解，便知並無不合。

節	摘要
60-66	十一駁自然造物精妙無比，如非出於機械必然連結，而出於精神命令，則何須白費工夫創造？此說仍主張自然機械為心外之物，其存在不被知覺，與真實相悖。然而觀念連結的秩序與規律正是上帝智慧設計的標記，而非機械造成的結果。
67-72	十二駁物質實體存在。說實體不存於心中，即不存在於任何地方。說物質是未知的「緣由」（occasion），實則毫無意義。
73-81	人們假設物質實體存在的理由：一是以物體性質外存，需要獨立存在實體的支托；二是相信次性雖不存在於心外，初性仍存在於心外；三是偏見已深植人心，故保留物質之名，成為名稱的爭執和矛盾的概念；四是物質實體不可知，因人缺乏認知它的感官，故不足以證明其不存在；五是即使沒根據，說物質是實體或觀念的緣由，也無不可；六是即使拋棄物質實體，只說物質也行；七是物質定義本身含有本質（quiddity）、實有（entity）、存在（existence）之意，足以和虛無（nothing）分開，是最抽象和一般的理念。以上說法，巴克萊均予以駁斥。
82-85	或以物質實體見於《聖經》所述，實則僅哲學家主張物質或心外之物存在。真實存在於知覺中者，不同於想像虛構，無礙於《聖經》所述真實之奇蹟。

節	摘要
86-91	結論：人類知識有二，一是觀念的，另一是精神的，兩者皆在人心之中，並無心外的知識。懷疑主義的根源在於切割事物與觀念，其實事物與實在即在精神和觀念之中。
92-96	物質實體說是懷疑主義、無神論、唯物論、宿命論、偶像崇拜、蘇西尼主義者（Socinians）等不虔敬思想的根據。
97-100	抽象觀念的學說是知識錯誤的另一種來源：空間、時間、運動、廣延、幸福等，一旦成為抽象觀念，便難以為人所理解，而有損於有用的知識。
101-117	自然哲學中的唯物論，以動力因（efficient cause）、引力作用（attraction）為主動力量，不知精神意志才是動力因。
118-122	或以數學對象是抽象觀念，其實數目也是一種記號，不能離開其所標誌的特殊事物。
123-132	或以廣延是幾何學的對象，是可無限分割的抽象觀念，而為微積分學說的基礎，其實含有明顯的矛盾。

節	摘要
133-134	心外無物的主張符合理性、宗教和有利原理，足以駁斥懷疑主義和無神論。
135-139	所謂精神是指能思想、能意欲、能知覺的存有，其本身不是觀念。「我」、「自己」、「靈魂」、「精神實體」的意義皆同。
140-144	如對精神有觀念，宜稱理念（notion）。靈魂是不可分、無形體、無廣延，也不可毀滅的。抽象觀念之說致誤的最大原因在於以為它們不但獨立於對象（objects）和結果（effects），且獨立於心靈或精神。
145-149	激起觀念的動力因來自其他精神，那唯一、永恆、全知、全善、完美的上帝。
150-156	自然並非異乎上帝、異乎自然規律、異乎感官知覺到的事物。即使從人的觀點看來，自然有災異、不幸事故，乃至罪惡，但就全體關聯而言，仍是善的。細心反省，方可免於無神論和摩尼教義（the Manichan Heresy）的罪咎。

目次

導讀／東海大學哲學系教授　俞懿嫻
獻給彭布羅克伯爵湯瑪斯……1
序……3
緒論……5
第一部……29
喬治・巴克萊年表……141

獻給彭布羅克伯爵湯瑪斯（Thomas, Earl of Pembroke）

（勛一等嘉德勛章爵士兼樞密院顧問）

閣下：

您或者會奇怪，我這樣一個無名之人，既未曾謀面，何以擅敢冒昧向閣下有所陳述。但是一個人只要稍微明瞭教會和學術的現狀，並且知道閣下在這兩方面都是一個明星、一座柱石，他就不會奇怪我何以在寫了一些爲世人提倡有用知識和宗教的作品以後，竟要請閣下爲我的贊助者。但是，如果您不是那樣光風霽月、春風化雨、光明磊落，使人頑廉儒立，我仍不會把我這個可憐的成績獻給閣下。不過，閣下，我還可以說，您既然肯給我們的學會特殊的恩典，則我正可以希望，您或者不見得不願意獎掖其會員一分子的研究。我因爲有這些想法，所以要把這部論文獻在閣下的腳下。而我之所以如此，尤其是爲了想使您明白，我是一心欽崇舉世所仰慕之閣下的博學和令德的。
閣下，您最謙恭、最誠敬的僕人。

喬治・巴克萊

序

我這裡所發表的理論，是我在仔細考慮了好久以後，認爲顯然眞實的，而且人在知道了它以後，也不是沒有用的；尤其是對那些沾染了懷疑主義（Scepticism）*的人，或者需要證明上帝的存在和非物質性，或者需要證明靈魂的自然不滅性，則我這個理論對他們更是有用的。事實究竟是否如此，那就讓讀者公平地考察好了。因爲我覺得，只要我的作品符合於眞理，那就算是成功，此外我就不關心了。不過爲使眞理不受蒙蔽起見，我可以請讀者暫時不做判斷，至少先要以這個題目似乎必需的注意和思想來把全書讀一遍。因爲讀者如果斷章取義，固然會引起極大的誤解（這是無可挽回的），而且會以極荒謬的結論相責難——在

---

* 編按：本書外文首字大、小寫呈現原則：
一、尊重作者原則，原文（含作者引用其他書、文內容）依據原著呈現。
二、現今除人名、地名、學派、專有名詞……等爲大寫，其餘多是小寫。

通篇讀完以後，或可不必如此；可是人們在通讀全書時，如果粗心大意，則我的意思仍會被人誤解。不過在深思的讀者看來，我敢自信地說，它是完全明白而淺顯的。至於下述某些理念（notions），雖然具有新奇的特點，我想我不必爲此向讀者乞恕。一個人如果只是因爲一種本可證明的眞理是新發現的，是與人類的偏見相反的，就把它拋棄了，那就太無判斷力、太不明白科學了。我所以預先提到這一點，就是爲了盡可能地防止有一類人的魯莽責難，因爲他們在還沒有了解一種意見之前，就要把它加以鄙棄。

緒論

1 哲學之爲物，只是研究智慧和眞理的，故此我們正可以期望，人們如果在哲學方面曾經花費過很多的時間和關注，則他們比起別人來，心理應該更爲安詳沉靜，有的知識應該更爲明白確鑿，而且他們也應該少受懷疑和困難的干擾。可是我們反而見到，大部分目不識丁的人，雖走著平凡的常識大道，受著自然規律的支配，而他們大部分依然是很安然、很自在的。在他們看來，不是平常習見的都是不可解釋或難以理解的。他們並不抱怨自己感官的曖昧不明，並且也完全沒有變爲懷疑主義者（Sceptics）的危險。但是我們只要稍一離開感官和本能，依著較高原理的標準來推論，來默思、來反省事物的性質，便會對以前似乎完全了解的事情，產生千百種疑問了。我們到處可見感官的錯誤和偏見，當我們想努力以理性來改正這些時，便會不知不覺地陷於離奇的悖論、困難和不一致之中，而且我們愈往前思辨，則這些悖論、困難和不一致就逐步增多、加大起來。結果鬧了半天，我們雖經過許多迂曲的迷途，最後我們會看到自己仍回到舊日的立場，或者更壞的是陷入絕望的懷疑主義中。

2 人們以爲造成這種情形的原因是在於事物本身的曖昧不明，或是我們知性的天生脆弱和缺陷。人們說，我們所有的精神能力是有限制的，而且「自然」原來只打算以它們來求生存和享受的，並不是要以它們來研究事物的內在本質和結構。此外，人們還說，心靈是有限的，而它處理的事物無限，如果陷於荒謬和矛盾，我們也無需驚異。無限事物本就是不可爲有限事物所了解，因此，人的心靈就永遠不會擺脫那些荒謬和矛盾。

3 但是我們也許因爲太偏愛自己，才把過錯推給自己的官能，而不說是因爲我們錯用了它們。我們很難想像，由眞的原理正確推論出的會陷於自相矛盾的結論中。我們應當相信上帝待人類是仁慈的，祂不會給人們超過能力所及的強烈求知欲望。如果不是這樣，那就和一向慣用優容的神思不相符合了；因爲祂不論賦予各種生物以什麼欲念，總要供給它們以一些方法，使它們在正確應用了這些方法以後，一定會得到滿意的結果。總而言之，我覺得過去困擾哲學家的那些難題，阻礙知識的那些難題，大部分（縱非全部）都是源於我們自己。我們多半是先揚起塵土，才抱怨自己看不見！

4 因此我的目的就在於試著發現，有什麼背後的原理，可使得各派哲學有那麼多疑惑和恍惚、荒謬和矛盾，以致最聰明的人也以爲我們的無知是無可救藥的，以爲是出於我們先天官能限制及天生暗鈍和限制。誠然，我們如果要嚴格地來考究人類知識的第一原理，並且從各方面來研究、考察它們，那是很值得我們費心的一種工作；尤其是因爲我們有幾分根據可以猜想，心靈在追求眞理時攪擾它、妨礙它的那些困難，並不是起於對象不明和複雜，也不是起於知性的自然缺陷，乃多半是由它所堅持的那些虛妄原理（false principles）而起的，而那些虛妄原理原是可以避免的。

5 這種企圖似乎很困難，很令人氣餒，因爲我知道許多聰明傑出的人在我以前已經有過這種計畫了。雖然如此，可是我並非沒有一線希望，因爲我想到，看得最遠的眼界並不總是最清晰的；近視的人雖然不得不把東西移近一些，可是他在精密地、仔細地觀察之後，或者會看到眼力很強的人所看不見的東西。

6 爲使讀者的心靈易於接受下面的理論起見，我們不妨先說一說言語的本性和誤用，以此來做個引子。不過要證明這一點，就不得不注意到我們的思辨之所以複雜、迷惑的主要原因，以及幾乎一切知識部門中引起無數困難和錯誤的原因，這種原因就在於人們以爲心靈有形成抽象觀念（abstract ideas）和事物理念（notions of things）的能力。只要是熟悉各哲學家著述和辯論的人，一定會承認他們不少的時間都花費在抽象觀念方面。不但如此，人們還特別認爲這些觀念和理念就是所謂邏輯和哲學等科學的對象，且是人們所謂最抽象、最崇高的那些學問的對象。在所有研究中，無不先假設這些觀念是在人的心中存在的，而且人的心靈是很熟習它們的。

7 從各個方面來看，人人都承認各種事物的性質或樣式，並不眞能各自獨立存在，與別的一切都絕了緣；它們實際上相互混雜在同一個物體之內。不過人們又說，心靈可以單獨地考察各種性質，可以把一種性質與其常聯合在一起的別的性質分開，如此，心靈便構成了抽象觀念。就如視覺見了一個有廣延、有顏色而能運動的東西時，心靈就可以把這個混雜的、複合的觀念分化成單純的、組成的各部分，並且單獨地各自思考它們（與其他性質絕緣），來構成廣延、顏色和運動三者的抽象觀念。這並不是說顏色或運動可以離開廣延而存在，乃是說心靈可以藉由抽象作用形成離開廣延的顏色觀念，和離開顏色與廣延的運動觀念。

8 再者，心靈觀察到感官知覺到的各個特殊廣延中，一方面有共同的、相似的東西，一方面又有一些特殊的東西（如這樣或那樣的形象或體積）來區別它們；因此，它又單獨揀出所謂共同的東西，把它形成高度抽象的廣延觀念，而且這個觀念既不是線，也不是面；既不是體，也沒有形象、沒有體積，它只是與這些都完全地絕了緣的一個觀念。同樣地，心靈在感覺到的各種特殊顏色方面，也可以略掉其能區別彼此的特殊成分，而只保留其共同的成分，藉以構成一個抽象的顏色觀念，而這個觀念非紅、非藍、非白，亦非任何其他固定的顏色。同樣地，心靈也可以單獨思考運動，而離開運動的物體、離開一切特殊的方向和速度，藉以構成所謂抽象的運動觀念；這個觀念是可以和感官知覺到的一切特殊運動互相符合的。

9 心靈不但構成抽象的性質（qualities）和形態（modes）的觀念，而且可以藉著分離作用，得到較爲複雜事物的抽象觀念，那些觀念中是含有幾種共存的性質。例如：心靈看見彼得、詹姆士和約翰互相類似，而且他們的形貌和其他性質也有相符的地方，因此，它也可以把彼得、詹姆士和其他任何人的複合或組合觀念中的特點除去，專門保留其共同的成分。這樣，它就構成一個抽象觀念，概括一切個別的人，且把凡能決定那個觀念成爲特殊事物的那些情節和差異完全除去。在這個過程以後，據說我們就得到所謂抽象的「人」的觀念，或者，如果你願意的話，甚至於可以說是「人類本性」觀念或「人性」觀念。在這個觀念中，誠然也包含著顏色，因爲沒有人沒有顏色；不過這個顏色卻不是白的、不是黑的，也不是任何特殊顏色，因爲一切人類並沒有一種共同的顏色。在這個觀念中，也不能沒有身材，不過它不是高的、不是矮的，也不是中等身材，而是抽離這些身材的。說到其餘的性質，也是一樣。此外，還有許多別的生物也含有複合的人的觀念中的一些部分，因此，心靈又可以略掉人特有的那些部分，只留下一切動物所共有的那些部分，因而構成了所謂「動物」的觀念。這個觀念不但脫離了一切特殊的個人，而且也脫離了一切鳥、獸、蟲、魚。抽象的「動物」觀念中所含的構成部分，那就是身體、生命、感覺和自發的運動。在這裡，所謂身體是沒有特殊體形和形象的，因爲並沒有任何特殊的體形和形象是一切動物所共有的；它並沒有羽、沒有毛、沒有鱗等的覆蓋，也並不是赤身的，所謂羽、毛、鱗、赤身等，係使特殊動物互有分別的一些性質，因此，我們必須把它們排除於那個抽象觀念以外。根據同樣理由，那種自發的運動，也不是走，也不是飛，也不是爬；它雖是一種運動，可是它究竟是何種運動，卻不是我們所容易想像的。

10 別人是否有這種奇特的能力來抽象自己的觀念，那只有他們自己知道。說到我自己，我確實有能力來想像或表象我所感知到那些特殊事物的觀念，並且用各種方式來分合它們。我可以想像一個人有兩個頭，或是人的上部和馬的軀幹聯合在一起。我可以離開身體的別的部分單獨思考手、眼和鼻。但是不論我所想像的手或眼是什麼樣的，它一定不能沒有一種特殊的形象和顏色。同樣地，我給自己所形成的人的觀念，不是白的，就是黑的，要不就是黃褐色的；它不是曲的，就是直的，不是高的，就是矮的，或者就是中等身材。無論我如何努力，也不能設想上述的抽象觀念。離開運動著的物體，我也一樣不能構成一個非快、非慢、非曲線、非直線的抽象運動觀念。至於其他任何抽象的普通觀念，也都可以如此說。坦白地說，我承認我自己可以在一種意義下實行抽象工作；就如各種特殊的部分或性質，雖然聯合在一個物體中，又可以各自眞正獨立存在，我就可以抽出其中的一個特殊部分或性質來單獨思考。但是我否認可以一般「抽象」的含義來進行各種性質的分離，那些如果不能單獨存在，則我便不能把它們分別開來加以設想。此外，我也不能照上述的方式離開特殊事物，來構成一個普遍的觀念（後面這兩種還正是抽象作用〔abstraction〕的本來意義）。我有理由相信大多數人都會承認和我有同感。一般單純而不學無術的人們，絕不會自誇有抽象的理念。人們說它們是不易構成的，不費辛苦琢磨，我們並不能獲得它們。因此，我們就可以合理地斷言，如果眞是這樣，那就只限於有學問的人才能獲得它們了。

11 現在我可以進而考察，人們有什麼理由可以辯護抽象作用的學說，並且試試自己能否發現，有什麼原因可以使愛玄想的人接受那樣似乎與常識遠隔的一種意見。有一位值得崇拜的已故哲學家很贊成這個學說，他似乎以爲人和獸類的知性之所以有極大的差異，正是因爲人有這種抽象的普通觀念（general ideas），獸類則沒有。他說：「人和獸之所以完全不同，只是因爲人有普通觀念，這種優點是獸類的官能所萬不能企及的。因爲我們看不到有任何痕跡，藉以推知牠們能應用普通的標誌來表示共相的觀念。由此我們就有理由想像，牠們並沒有抽象的能力，或構成普通觀念的能力，因爲牠們並未使用文字或任何其他普通的標誌。」（《人類理解論》〔*Essays on Human Understanding*〕，第二卷，第十一章，第十節）稍後他又說：「因此，我想，獸類之有別於人類，正在於這一點，而且牠們之所以完全隔離，極其懸殊，也正是由於這種根本的差異。因爲牠們如果有任何觀念，而不只是一架機器（如有些人所想的），則我們便不能不承認牠們也有理性。在我看來，在一些情形下，牠們確是能推理，正如牠們有感覺一般，不過牠們的推理只限於感官所接受的那些特殊觀念。牠們頂多也只限於那些狹窄的範圍。牠們並沒有能力來透過任何抽象作用擴大那些範圍。」（《人類理解論》，第二卷，第十一章，第十一節）我很同意這位有學問的作者意見。我知道，獸類的能力無論如何不能達到抽象作用。但是我們如果以爲這是區別哪一類動物的全部特性，則我恐怕大多數所謂人都要歸入獸類了。他這裡所以說，我們沒有根據來想像獸類有抽象的普通觀念，其所舉的理由只是我們看不到牠們應用文字或任何其他普通的標記。他之所以如此主張，只是因爲他假設使用文字，就表示具有普通的觀念。由此，我們就可以說，運用語言的人類就能抽象或者使他們的觀念成爲普遍的。這分明是這個作者的意思和主旨，因爲我們還可以根據他對於別的問題的解答，來證實這一點。「一切存在的事物既然都是特殊的，那麼它們如何能得到一般的名詞呢？」他的答覆是：「文字之所以能成爲普通的，只是因爲它們是普通觀念的標記。」（《人類理解論》，第三卷，第三章，第六節）不過我是不能同意這點的，因爲我以爲文字之所以成爲普通的，並不是因爲它被用作抽象的普通觀念的標記，而是因爲它被用作許多同類特殊觀念的標記。因爲這些特殊觀念中的任何一個，都可同樣地向心靈提示這個標記。就如說：「運動的改變與所受的壓力成比例」，又如說：「凡有廣延的都可以分割」，這些命題雖然可用於一般的運動和廣延，可是我們並不能因此就說，它們所提示於我思想中的運動是沒有物體的運動，是沒有任何確定方向和速度的。我們也一樣不能因此說，我們可以設想到一個既非線、非面又非體，既非大又非小，既非黑又非白，且非紅亦非任何其他固定顏色抽象的、一般的廣延觀念。這裡的含義只不過說，我所思考的任何運動，不論是快是慢，是縱是橫是斜，是在任何對象中，而有關它的那個公理一樣是眞的。關於廣延的那個公理，在任何特殊的廣延方面也都是眞的，倒不論那個特殊的廣延是線、是面、是體，是這樣或那樣大小和形狀。

12 我們如果觀察到各種觀念如何能成爲一般普通的，我們也就更容易判斷各種文字是如何成爲普通的。在這裡，人們應當知道，我並不絕對否認有普通觀念，我只是否認有抽象的普通觀念。而我所以有這點警告，乃是因爲在上述各段中，凡提到普通觀念時，人們往往以爲它們是藉抽象作用所形成的（如第8和第9兩節所說的那樣）。但是我們運用的語詞如果有其意義，而且我們所說的也只限於我們所能想像的，那麼我相信，我們將會承認本身原被認爲一個個別的觀念，所以能成爲普通的，只是因爲我們用它來表示同類的一切其他個別的觀念。

爲了使這一點明白起見，我們可舉一個例子加以說明。假如一個幾何學家證明分一線爲兩等段的方法，他畫了一條一英寸長的黑線，則這條線本身雖是一條個別的線，可是它的含義是普通的，因爲它被用以表示一切個別的線。因此，在這條線所做的證明，也就是一切線條的證明。換言之，也就是一條概括的線的證明。那條個別的線變爲普通的，就是因爲它變爲一個標記，因此，「線」這一名稱在其本身雖是個別的，可是它既成了一個標記，那它就成了普通的。這線是普通的，不是因爲它是抽象的或普通觀念的標記，而是因爲它是一切能存在的個別直線的標記，因此，「線」這一名稱所以能成爲普通的，也一定是由於它能無分別地標記各種個別的線。

13 爲使讀者較明白地看到抽象觀念的本性，和人所想像我們如何需要它，我可以從《人類理解論》中再選一段於下：「抽象觀念之於兒童或未經訓練的心靈，並不如特殊觀念那樣明白而易於了解。成人所以覺得它們易於理解，那只是因爲它們經常慣用的緣故。因爲我們如果仔細一思考它們，我們就會看到。普通觀念只是心靈的虛構和設計，而且它們是帶有困難的，並不像我們以爲的那樣。例如：要構成一個普遍的三角形觀念（這個觀念還不是最抽象、最含蓄、最困難的），不是要費一些辛苦和技巧嗎？因爲它既非鈍角的，也非直角的，也非等邊的，也非等腰的，也非不等邊的，它同時既是又既不是。實在說來，它是不完美且能存在的東西，在這個觀念中，各種差異互相矛盾的觀念之各部分都是混雜在一起。眞的，心靈在這種不完全狀態下，是需要那些觀念的，而且是極其匆匆地應用它們的。而它之所以如此，一則是爲了便利傳達知識，一則是爲了擴大知識，因爲這兩種作用正是它的天生傾向所在。但是人們正有理由來猜想，這些觀念只是缺陷的標記。如此也足以說明，最抽象、最普通的觀念並不是心靈起始所容易認識的，我們最初的知識也與之無涉。」（《人類理解論》，第四卷，第七章，第九節）任何人只要有能力在自己心靈中構成上述那樣一個三角形觀念，則我如果想以空話使他拋棄那個觀念，那是白費力氣的，而且我也根本就不作此想。我所希望的，只是讀者自己來充分地、明確地體會自己是否有那個觀念，我想這並不困難。人不是最容易觀察自己的思想，看看自己有沒有（或能不能有）與上述普通三角形觀念相符的一種觀念嗎？他不是最容易知道自己有沒有「非鈍角、非直角、非等邊、非等腰、非不等邊，而同時是既是而又既非的」一個三角形觀念嗎？

14 這裡說到抽象觀念的困難，與構成它們時所必需的辛苦和技巧已經足夠了。人人都承認，心靈必須費很大的勞苦，才能使自己的思想脫離特殊的事物，才能使自己的思想達到有關抽象觀念的理論化水準。依此可說，抽象觀念的構成既然是很難的，所以它不是傳達思想所必需的，因爲傳達思想是人人所易於做到的一件事情。不過人們又說，在成人看來，那些觀念之所以是顯而易見的，只是因爲人們常常應用它們。但我想要知道什麼時候，人們才克服了這種困難，才供給自己以論述所必要的助力。我想，那一定不是在他們成人以後，因爲人們並不曾意識到費過這番辛苦。因此，這件工作就只有在兒童期完成。不過在這樣幼小的年紀，抽象觀念的構成，委實是困苦繁雜的一種工作，是遠非他們所能勝任的任務。難道不是容易想像，幾個兒童並非先解開無數的不一致，在心靈中構成了抽象的普通觀念，並且把它們和普通所用的名稱聯合起來，然後才能喋喋不休地談說自己的糖果、響鼓和其他玩物？

15 這些觀念不但不是傳達知識所需，而且我想，對於擴大知識，它們也是絲毫沒有用處的。人人都堅持，一切知識和證明都只能是有關普遍理念（universal notions）的，這一點我是完全同意的。不過我仍然看不出，這些理念是由上述那種抽象作用所構成的。據我所能了解的，所謂普遍性（univesality）並不在於任何事物絕對的、實證的性質或概念，只在於它和它所表象的那許多個別事物所有的關係。透過這種途徑，本性原爲個別的各種事物、名稱或概念，就被變成了普通的。就如我在證明關於三角形的命題時，人雖然假定我著眼於一個普通三角形的觀念；可是這並不能理解成我能構成一個既非等邊，又非不等邊，且非等腰的三角形觀念。我們只可以說，我所考察的那個特殊三角形，不論種類如何，都一樣可以代表所有的直線三角形，而且在那種意義下，它才可以說是普通的。這些說法似乎是很明顯的，並沒有包含任何困難。

16 不過在這裡，人們或者會問：「我們如果不能先看到一個命題，從一個與所有特殊三角形符合的抽象三角形觀念得到它，則我們如何能知道那個命題可以適用於一切特殊的三角形呢？因爲我們縱然證明某種特性和某個特殊三角形相符，也不能由此斷言那種特性，可以同樣地屬於任何其他完全不同的三角形。就如我雖然證明了一個直角等邊三角形的三角等於兩直角，可是我們並不能由此演證這種性質能符合所有其他非直角、非等邊的三角形。因此，我們似乎可以說，要想確知這個命題是普遍地眞實的，我們就必須在每一個特殊三角形做一個特殊的證明，但這是不可能的；因此我們就只有一勞永逸地證明這個命題，就一個抽象的三角形觀念而言是眞的，因爲所有特殊三角形的觀念，都同樣地具有抽象觀念的性質，並且一律可以爲它所表象。」對此我可以答覆說，在我們證明時，我所著眼的觀念雖然是一個直角等邊三角形，而且它的各邊都有確定的長度，可是我仍然可以確知這個證明可以適用於任何大小、任何種類的三角形。因爲在那個證明中，完全不涉及直角、等邊和邊長。因此，在我們所見的那個圖解中，誠然包含著這些特殊的情節，但是我們在證明這個命題時，絲毫沒有提到它們。我們所以說，三角等於兩直角，並非因爲其中有一角是直角，也並非因爲夾成三角形的各邊都是一樣長的。這就分明指示出，直角也可以換成鈍角，等邊亦可以換成不等邊，而且在變換以後，證明仍是一樣眞實的。因爲這個緣故，我才說一個特殊的直角等邊三角形證明爲眞的，在任何鈍角的或不等邊的三角形也一樣是眞的；並不是因爲我證明了抽象三角形觀念的命題是眞的。這裡我們還必須承認，一個人可以只思考一個形狀的三角模樣，而忽略其各角的特殊性質，或各邊的關係。只有在這種範圍內，他可以從事抽象思考；但是這並不能證明他能構成一個抽象的、一般的、不一致的三角形觀念。同樣地，我們也可以把彼得的其餘性質忽略過去，只把他看成是一個人、一個動物，而非構成上述抽象的人的觀念或動物的觀念。

17 抽象理念和本質屬性的學說，似乎使善於抽象的大師們（經院學者們）陷於重複繚繞的錯誤和爭論的迷宮中，因此，我們如果跟著他們經歷這些迷途，那是沒完的，而且也是沒有用的。他們有過什麼樣的口角和爭論，在哪些事情有過什麼樣烏煙瘴氣的淵博空談，並且由此對於人類貢獻出什麼偉大的利益，時至今日，也是人人共見共喻而無須堅持了。不但如此，那種學說的惡劣結果，如果只限於肯定提倡這個學說的人們，那還是好的（可是事實並非如此）。當人們一慮及多少年來雖然費了許多辛苦，勞力培植科學和促進科學知識，可是大部分的科學知識仍處於黑暗和疑雲之中，並且爭論不休；甚至那些大家以爲明證出來的，也含著完全與人類知識不相容的一些悖論。總的看來，其中只有一小部分給人一點眞正的利益，或是供人無害的分心和趣味。我認爲，這些容易使人陷於失望、完全鄙視一切學問。不過他們這種失望也許會消除，只要他們看出這種情形之所以發生，只是因爲許多虛僞的原理已經通行於世；而且最能影響思辨者思想的，還莫過於這個抽象的普通觀念之原理。

18 在我看來，這個根源正在於語言。實際上，比理性的範圍小，而且同時又可以爲眾所公認的莫過於語言了。這眞相我們可以在許多方面看到，而且也可以由主張抽象觀念最力者的自白看到。他承認，抽象觀念之形成正是爲了命名；由此明白可見，這世上如果沒有語言或普遍符號，人們萬不會想到抽象觀念（《人類理解論》，第三卷，第四章，第三十九節）。

現在我們可以考察語言文字究竟是由何種方式產生這種錯誤的。首先，人們以爲每一個名稱都有而且也應有一個唯一的確定的意義，於是也就認爲一定有一些抽象的、確定的觀念，來構成每個普通觀念眞實的、唯一的直接意義。他們還以爲有這些抽象觀念做媒介，一個通名才能指示所有特殊的事物。不過，事實上並沒有附加在任何通名上的精確固定的意義，通名只不過是無分別地指稱許多特殊的觀念罷了。這一點，由上述就可以清楚地看到，而且人們只要稍加思索就可一目了然。人們或者又反對說，每一個名稱都有一個定義，因此，它就限於一個確定的意義。就如我們給三角形下個定義，說它是三條直線所圍成的一個平面，則三角形一名便受了限制，即只能指示一個確定的觀念，而不指示其他的觀念。不過我可以答覆說，在這個定義中，並沒有說那個平面是大是小，是黑是白，邊是長是短、是等是不等，也沒有說各邊構成怎樣的角度。在這些方面，都可有極大的差別，因此，並沒有一個確定的觀念來限制三角形一詞的含義。要使一個名稱一貫地符合同一個定義是一回事，要使它在任何地方都可以代表同一個觀念，又是一回事。前者是必要的，後者是無用的、不可行的。

19 但爲了進一步說明文字如何能產生抽象觀念的學說，我們還應當說，人們有一種公認的意見：他們都以爲語言的目的不在別的，只在傳達我們的思想，而且他們以爲每一個有意義的名稱總表示著一個觀念。他們既然如此相信，而且他們同時又知道賦有意義的名稱，並不總是標記特殊可理解的觀念，因此，他們就直接結論說，那些名稱是表示著抽象的觀念的。自然人人都不會否認從事思考的人們所用的許多名稱，並不常向他人提示出確定的、特殊的觀念。而且我們稍加注意就可以發現，即在最嚴格的論證中，代表觀念的有意義的名稱，也並不一定在每一次應用時，都要在理解中激起它們原來所表示的觀念。在讀書和談論中，各種名稱大部分就如代數中所用的字母似的。在這裡，每個字母雖標記著一個特殊的數量，不過即使在正確推論中，每一個字母也不必在每一步中，都要在你的思想中提示出原來所表示的觀念。

20 此外，我們還可以說，語言唯一和主要的目的，還不只在以文字來傳達思想，如一般人所想像的那樣。它還有別的一些目的，如引起人的情感，刺激或阻礙人的行動，還可以使人心有某種特殊的傾向。前一種目的，往往是從屬於後三種目的，而且後三種目的，如果不經觀念的傳達就可以達到，則根本不需要觀念的傳達。在常用的語言中，這種情形並不罕見。我這裡可請讀者自己回想一下，看看自己在聽或讀一篇論文時，懼、愛、憎、羨、鄙視等情感，是否在自己感知到某些文字後，不經觀念爲媒介就可以直接產生？誠然，起初或許文字先引起一些適當的觀念，然後才產生出那些情緒；不過那些情感雖經過觀念的媒介才產生，可是在語言慣熟之後，我們一聽字音，一見字形，就可以立刻生起那些情感，無須觀念的媒介。例如：人們允許給我們一件好東西以後，我們雖不能獲得那東西是什麼樣的觀念，我們也一樣可以受到感動。我們只要一聽說有危險，我們雖然想不到有什麼特殊的禍患來臨，雖然不給自己構成一個抽象的危險觀念，也一樣會產生恐懼心理。任何人只要稍加思索我上述的一切，一定會明白看到，就恰當語言而論，人們在應用通名時，並不曾有意用它們來標記自己的觀念，藉以在聽者心中引起那些觀念。就是那些專有名稱，我們在應用它們時，也並不一定想用它們在自己心中引起它們標記的那些個別觀念。就如一個經院學者說：「亞里斯多德（Aristotle）曾如此說」，他的意思就在於使我恭敬地、順從地接受他的意見，如同這鼎鼎大名所擁有的恭敬和順從一般。人們的判斷只要常常依從那個哲學家的權威，則這種結果可以立刻在他們心中產生，而且在這之前，他們完全沒有關於這位哲學家的人格、著作或名譽的觀念。在亞里斯多德這一名字和某些人心靈中贊同及恭敬的動作之間，習慣的建立可以那樣密切而直接聯繫。同樣的例子，我還可以舉出好多；不過這一點既是各自的經驗所充分提示的，那麼我又何必再多說呢？

21 我們已經說明：抽象觀念是不可能的。我們已經考察過主張此說最有力的人們所說的話，並且已經詳爲說明，人們雖然認定它們是爲了達到某種目的時必要的工具，可是它們並沒有那些功用。最後，我們找尋出它們的根源，於是我們知道，語言實在是致誤的淵源。我們承認文字是有妙用的，因爲在古今各國，所有喜好研究的人們共同求得的全部知識，可以藉它們爲一個人所知曉、所占有。不過同時我們必須承認，知識雖是由文字語言所傳授的，可是大部分知識卻被文字的濫用和尋常說法所淆亂和蒙蔽。因而我們幾乎可以問，語言對於科學是阻礙作用居多？還是促進作用居多？文字既然易於欺騙理解，因此，在我的研究中，我決心儘量少用它們。不論考察任何觀念，我都要努力觀察赤裸裸的觀念，而且要努力地把因經常使用而與它們關聯的名稱，擺脫於我的思想之外。我如果可以做到這一點，則我可以得到下述的好處。

22 首先這樣我就可以把純粹語言的一些爭論廓清了；在幾乎一切科學中，這種莠草的生起，是眞正知識生長的主要障礙。其次，如果我要想自拔於抽象觀念精細微妙的網子以外，則上面所說的似乎是一條妥當的途徑。這個網子已經使心靈迷惑糾纏得很可憐，而特別是智慧愈精細巧妙的人愈陷得深、愈縛得緊。其三，如果我使自己的思想限於脫除文字赤裸裸的觀念，則我便不易陷於錯誤。我所思考的各種對象，我是知道得明白而正確的。如果我沒有一個觀念，則我不會錯想自己有一個觀念。我自己的任何觀念如果不是相似的或不相似的，則我便不能想像它們是相似的或不相似的。要想分辨我的觀念是相符的或不相符的，要想看到某些觀念包含在一個複合觀念中，而某些不是，我們就只需注意觀察自己理解的過程。

23 不過要想得到這些好處，應以完全脫離文字的欺騙爲先決條件。這一點，我自己也不敢自信能做到。因爲文字和觀念的結合既然那樣早就開始了，而且又被習慣長期確立，那麼我們再想把它們排除，是很困難的，而且這種困難似乎又因爲抽象作用的學說而更爲加甚。因爲人們既然以爲各種文字附有抽象觀念，那就無怪乎他們用文字代表觀念了；因爲我們發現，抽象觀念本身既然完全不可想像，我們就不可能把文字擺脫開來，只在心靈中保留那些觀念。我認爲有些人竭力勸說別人在思維時，在設想自己赤裸裸的觀念時，完全不要用文字，而他們竟然會力不從心地失敗，其主要原因就在於此。近來，許多人已經感覺到由於文字的誤用，產生了那些荒謬的意見和無意義的爭辯。爲避免這種壞處起見，他們曾勸大家，要注意文字所表示的觀念，不要注意表示它們的文字。不過，他們給人的這種勸告雖然很好，但是他們如果以爲文字唯一直接的效用，在於表示觀念，並以爲每一個通名的直接意義就是一個確定的、抽象的觀念，則他們自己分明不注意這個勸告。

24 但是人們如果知道這些都是錯誤的，則他們便可以比較易於防範自己受文字的欺騙。一個人只要知道他自己所有的觀念是特殊的，則他便不會徒勞無益地找尋、設想任何名稱所附的抽象觀念。一個人只要知道，各種名稱並不一定表示觀念，則他便可以不再費力地在本無觀念處找尋觀念。因此，我們希望人人都要盡最大能力，清楚地觀察自己所思考的觀念，並且要把文字的外表和障礙脫除；

因爲各種文字正足以阻礙人的判斷，擾亂人的注意。我們即使上察天象，下探地府，也是白費；即使攻研學者的著述，追溯古人的冥跡，那也是白費的。只要把文字的屏障揭開，就能看到美麗的知識之樹，才知道它的果實原來是甘美的，是可以爲人伸手所攀摘的。

25 我們如果不留心使知識的基本原理免於文字的障礙和欺騙，則我們雖然做無數的推論，也是白費的；雖然會層層推演，也不會明智一點。我們愈往前走，愈會陷於不可挽救的地步，愈會掉到更深的困難和錯誤之中。因此，不論任何人想讀下面的議論，我請他只把我的文字當作他的思想發端，並努力在閱讀中獲得我在寫作時相同的思路。藉著這種方法，他便可以較容易地發現我的議論眞僞。這樣，他就完全沒有被我的文字欺騙的危險，而且我看他也不會只思考自己赤裸裸的、未被文字歪曲和掩蓋的觀念，也就不會陷於錯誤。

第一部

1 人們只要稍加觀察就明顯可見，人類知識的對象要不是實際烙印在感官上的觀念，就是心靈的各種情感和作用所產生的觀念，以及在記憶和想像幫助下形成的觀念（這裡想像可以結合、分離或只表象由上述途徑所感知的那些觀念）。藉著視覺，我有了各種光和色以及它們各種程度、各種變化的觀念。藉著觸覺，我就感知到硬、軟、熱、冷、運動、阻力，以及這些情況的各種程度或數量。嗅覺給我以氣味；味覺給我以滋味；聽覺把不同調子和組合的各種聲音傳到我的心靈中。

這些觀念有幾個是互相聯合著的，因此，它就以一個名稱來標記它們，認它們爲一個東西。例如：它如果看見某種顏色、滋味、氣味、形象和硬度常在一起，它便會把這些性質當作一個獨立的事物，而以蘋果一名來表示它。別的一些觀念的集合又可以構成一塊石頭、一棵樹、一本書和其他相似的、可感覺的東西。這些東西，又按其使人愉悅或不悅，刺激起愛、憎、喜、憂等感情。

2 除了那些無數的觀念或知識的對象以外，還有別的一種東西在認識或感知它們，並且在它們面前施展各種能力，如意志、想像、記憶等。這個能感知的能動主體，我們把它叫做心靈、精神或靈魂、或自我。這些名詞並不表示我的任何觀念，只表示完全和觀念不同的另一種東西。這些觀念是在那種東西中存在的，或者說，是爲它所知覺的；因爲一個觀念的存在，正在於其被知覺。

3 人人都承認，我們的思想、情感和想像所構成的觀念，並不能離開心靈而存在。而在我看來，感官所印入的各種感覺或觀念，不論如何組合、如何混雜（就是說不論它們組成怎樣一個對象），除了在知覺它們的心靈以內就不能存在，這一點是同樣明顯的。我想，只要人一思考「存在」二字，用於可知覺事物時做何解釋，他是可以憑直覺知道這一點的。我寫字用的這張桌子所以存在，只是因爲我看見它、摸著它；我在走出書房後，如果還說它存在過，我的意思就是說，我如果還在書房中，我原可以看見它；或者是說，有別的精神當下就眞的看見它。我所以說曾有香氣，只是說我曾嗅過它；我所以說曾有聲音，只是說我曾聽過它；我所以說，曾有顏色、有形象，只是說我曾看見它或觸著它。我這一類的說法，意義也就盡於此了。因爲要說有離開知覺之外，絕對存在著非思維所及的事物，那似乎是完全不可理解的。所謂它們的存在（*esse*）即被知覺（*percepi*）；它們離開能知覺它們的心靈或能思想的事物，便不會有任何存在。

4 人們有一種特別流行的主張，以爲房屋、山嶽、河流，簡言之，一切可知覺的東西，都有一種自然的、實在的存在，那種存在和被理解所知覺的存在是不同的。不過世人雖然極力信仰接受這個原理，可是任何人只要在心中一尋究，他就會看到這原理包含著一個明顯的矛盾。因爲上述的對象只是我們藉感官所知覺的東西，而我們所知覺的，又只有我們的觀念或感覺；既然如此，那麼你要說這些觀念之一，或其組合，會不被知覺而存在，豈不是矛盾嗎？

5 我們如果仔細思考這個論點，就會看到它歸根究柢是依靠於抽象觀念的學說。因爲要把可感覺對象的存在與它們的被知覺一事區分開來，以爲它們可以不被知覺就能存在，那還能有比這更精細的一種抽象作用嗎？光和色、熱和冷、廣延和形狀，簡言之，我們所見和所觸的一切東西，不都是一些感覺、理念、觀念或感官所受的印象嗎？在思想中，我們能把它們和知覺分離開嗎？就我而言，這是不易做到的，就如我不易把事物和其自身分開一樣。誠然，有些事物，我雖然不曾藉感官知道它們是分離的，可是我也可以在思想中把它們分開。例如：我可以把人的軀幹和他的四肢分開；也可以不思及玫瑰花而專想著它的香味。我不否認我能抽象思考，如果這可以叫做抽象作用，那在這裡我們所設想爲分離的各種事物，只限於那些實際能分開存在的，或被知覺爲分開存在的各種對象。但是我們的認識或想像能力並不能超出眞實存在或知覺的可能性以外。因此，如果沒有實在感覺到那東西，我不可能看見或感受到任何事物，同理，我們在思想中也不能設想任何可感覺的事物，可以離開我們對它所產生的感覺或知覺。〔事實上，對象和感覺原是一種東西，因此是不能互相抽象而彼此分離的。〕*

6 有一些眞理對於人心是最貼近、最明顯的，人只要一張開自己的眼睛，就可以看到它們，下面就是這類重要的眞理。天上的星辰、地上的山川景物、宇宙中所含的一切物體，皆無法獨立於人心靈以外存在。它們的存在就在於其爲人的心靈所知覺、所認識；因此它們若不眞爲我所知覺，不眞存在於我的心中或其他被造精神的心中，則它們便完全不存在，否則，就是存在於一種永恆精神的心中。要說事物的任何部分獨立於精神而存在，那是完全不可理解的，那正是含著抽象作用的一切荒謬之點。讀者如不相信，可以在思想中試試自己能否把可知覺事物的存在和其被知覺一事分離。

---

* 編按：〔 〕內的內容爲原書編者補充。（後同）

7 由前面所說的看來，我們就可以說，除了精神或能知覺的東西以外，再沒有任何別的實體了。不過爲了求較充分地證明這一點起見，我們還應當知道，一切可知覺的性質都是顏色、形象、運動、氣味、滋味等，那就是說，它們都只是感官所知覺的一些觀念。既然如此，那麼你要說，任何觀念可以存在於不能思想的物體中，就分明是矛盾的了。因爲具有一個觀念與知覺一個觀念完全是同一件事。因此，顏色、形象和相似的性質，不論在任何東西中存在，那種東西一定會知覺到它們。因此，顯然那些觀念沒有不思想的實體或基質。

8 不過，你或者會說，各種觀念自身離了心靈，雖然不能存在，但是也許有與它們相類似的東西，爲它們所摹擬、所肖似，而那些東西是可以在心靈外，存在於一種不能思想的實體中的。不過我仍然可以答覆說，一個觀念只能和觀念相似，並不能與別的任何東西相似。一種顏色或形象只能和別的顏色或形象相似，不能和別的任何東西相似。我們只要稍加考察自己的思想，就會看到只有在我們各種觀念之間，我們才能設想一種相似的關係。其次，我還可以問，各種觀念所摹擬、所表象的那些假定的原件和外物，本身也是可知覺的不是嗎？如果它們是可知覺的，則它們也是觀念，這正符合我們的論斷；如果你說它們不能被知覺，那麼我請問任何人，要說顏色和一種不可見的東西相似，軟和硬可以和一種不可觸的東西相似，那是否是合乎情理的呢？說到其他性質也是一樣。

9 哲學上的物質觀念包含著一個矛盾：有些人分爲初性（Primary qualities）的和次性（Secondary qualities）的。所謂初性是指廣延（extension）、形狀（figure）、運動、靜止、堅固（solidity）或不可穿透性（impenetrability）和數目而言；所謂次性是指其他可知覺的性質而言，如顏色、聲音、滋味等。我們對後一種性質所獲得的觀念，他們承認不是心靈之外或不被知覺事物的肖像。不過他們卻以爲心靈對初性所獲得的觀念，是心靈之外存在事物的摹本和圖像，且是在所謂物質的一種不能思想的實體內存在。因此，所謂物質（Matter）就是一種惰性（inert）、無感覺的（senseless）實體，而廣延、形狀、運動是眞的在其中存在。不過由我們前面所說的看來，我們已經知道，所謂廣延、形狀、運動，也只是存在於心中的一些觀念，而且一個觀念也只能和一個觀念相似，不能和別的任何東西相似；因此，不論觀念自身或它們的原型，都不能存在於一種無知覺作用的實體中。因此，顯然所謂物質或有形實體（corporeal substance）的想法本身，就包含著一個矛盾。〔說到這裡，我本想不必再費時間來揭露它的荒謬了。

不過物質存在的學說已經在哲學家的心靈中如此根深柢固，並引起那麼多的壞後果，所以我就不避繁冗，將凡可以充分揭發那個偏見並加以根絕的任何事情，一概陳述，不加省略。」

10 那些人雖然主張形狀、運動和其他初性的或原始的性質，都離開心靈，存於不能思想的實體中，不過他們同時卻也承認，顏色、聲音、熱、冷以及相似的次性性質，都不存在於心靈之外。他們告訴我們說，這些都只是在心中存在的一些感覺，它們是依靠物質中微細粒子的不同大小、組織和運動，且是由它們所引起的。他們認爲這是無疑的眞理，而且可以無例外地證明出來。不過，那些原始的性質如果同那些別的可知覺的性質不可分離，緊連在一起，而且即使在思想中也不能分離，那它們分明只是在人心中存在的。不過我希望任何人都思考一下，試試自己是否可以藉著思想的抽象作用，來設想一個物體的廣延和運動，而不兼及其別的可感覺的性質？在我自己，我並沒有能力只構成一個有廣延、有運動的物體觀念。在構成那個觀念時，同時一定要給它一種顏色和其他可知覺的性質，而這些性質又是被人承認爲只在心中存在著的。一句話，所謂廣延、形狀和運動，離開一切別的可知覺的性質，都是不可想像的。因此，這些別的性質在什麼地方存在，則原始性質也一定是在什麼地方存在的，也就是說，它們只是在心中存在，並不能在別的地方存在。

11 再者，所謂大、小、快、慢，我們都公認爲是在人心以外存在的，因爲它們完全是相對的，是跟著感覺器官的組織或位置變化的。因此，存於心外的廣延便不是大，也不是小，存於心外的運動，既不是快，也不是慢，它們是根本不能存在的。你一定又會說，它們是一般的廣延和一般的運動。是的，這樣就更可以見到，關於心外存在的、有廣延而能運動的實體的信條，是怎樣依靠於那種奇怪的抽象觀念的學說了。這裡，我還不得不說，現代哲學家被他自己的原理所陷，對於物質或有形實體所做的這個曖昧不定的敘述，正近似那個陳腐過時、被人嘲笑的原初質料（*materia prima*）概念，就如在亞里斯多德和他的信徒方面所見到的那樣。離了廣延，堅固是不能被認知的；我們已然說過，廣延不能存在於不能思想的實體中，因此，關於堅固我們也可以有同樣說法。

12 我們縱然承認別的性質在心外存在，我們也會清楚地看到數目完全是心靈的產物，只要我們思考到同一事物，可以按照心靈觀察它的角度不同，而有幾種數目的名稱。因此，同一種廣延，心靈如果把它參照於一碼、一呎或一吋，則它可以成爲一、三、六等數。數目顯然是相對的，是依靠於心靈的，因此，人們如果認爲它在心外有一種絕對的存在，那就很奇怪了。我們雖說，一部書、一頁、一行，可是它們都一樣是單位（units）。儘管其中有些單位包含著許多其他單位。在每個例證中，顯然單位只是人心任意所歸攏起來的一些觀念的特殊結合。

13 我知道，有些人或者以爲單一體（unity）是一個簡單的，或者非複合的觀念，它是伴隨一切其他觀念進入心靈的。不過，我看不到自己有一個觀念和單一體這個名字相對應。如果我有這個觀念，那我不能找不到它。不但如此，而且它應該是我的理解所最熟悉的觀念，因爲人說它是伴隨一切其他觀念而來的，而且是被一切感覺和反省所知覺的。不用多說，它是一個抽象觀念。

14 我還可以補充說，現代哲學家既然由某種途徑證明某些可知覺的性質，並不存在於物質之中，或者不存在於心外，因此，我們也可以由同樣途徑，證明任何別的可感覺性質也都是這樣的。例如：人們說熱和冷都只是人心中的感覺，它們並不是實在事物的摹本，並不存在於激發它們的有形實體中；因爲同一物體在一隻手感覺爲冷，在另一隻手則感覺爲熱。不過我們何以不可說，形狀和廣延也不是存在於物質中各種性質的模式或影像呢？因爲同一隻眼睛在不同的幾個位置，或組織不同的幾隻眼睛在同一個位置，所見的形狀和廣延都是不一樣的，因此，它們並非是心外存在的任何確定事物的影像。人們還證明，所謂甜並非眞正是在甜物中的，因爲同一種東西雖無變化，可是甜也會變成苦，就如在發燒或上顎起了變化時就是這樣的。既然如此，那麼我們不可以一樣合理地說，運動也不是在心外存在的嗎？因爲人們承認，心中各個觀念的交替如果較爲快些，則外物雖不變，運動也會慢起來的。

15 簡言之，我們已經用各種論證證明，顏色和滋味只是在人心中存在的，任何人一思考這些論證，他一定就會看到，我們也一樣可以應用它們來證明：廣延、形狀和運動只是在人心中存在。我們自然承認，這種辯論方法可以證明我們不能藉感官認識什麼是對象的眞正廣延或顏色，因那並不足以充分證明外物中沒有廣延和顏色。不過，前面的各種論證已經表明，任何顏色、廣延或其他一切可知覺的性質，都不能在心外一個不思想的實體中存在，而且已經充分指示出，所謂外在對象之爲物，根本不會存在。

16 現在我們可稍稍考察流行的意見。他們說，廣延是物質的一種形態（mode）或偶性（accident），物質是支撐廣延的基質（substratum）。不過我希望你解釋所謂物質支撐（support）廣延，這是什麼意義？或者你說，「我沒有物質觀念，因此也不能解釋它。」不過你雖然沒有絕對的物質觀念，可是你的話如果稍有意義，則你至少也該有一個相對的物質觀念。你雖然不知道它本身是什麼，可是我想你必定知道它和各個偶性有什麼關係，什麼是所謂「它支撐它們」。顯然，所謂支撐一定不是通常字面上的意義，一定不是像我們所說的柱子支撐屋宇那樣，那麼我們究竟該以什麼意義去了解它呢？至於我，則完全不能發現可以應用於它上面的任何意義。

17 在哲學中所謂物質實體有兩層意義。我們如果研究一下最認眞的哲學家所謂「物質實體」（material substance）究竟有何種意義，我們便會看到，他們承認在那幾個音節上，並未附有別的意義，只附有一個一般的存在觀念，以及「支撐偶性」（supporting accidents）的這一個相對想法。但是在我看來，一般的存在觀念是最抽象、最不能理解的。至於所謂支撐偶性，則我方才已經說過，那是不能照普通意義去理解的。因此，我們必須承認它有別的意義；不過那種意義究竟是什麼，他們沒有說明。因此，我在考究「物質實體」這幾個文字意義的兩部分以後，就相信它們並沒有清晰的意義。不過我們又何必費心來討論形狀的、運動的以及其他可知覺性質的物質基質或支柱呢？要來討論，不是已經假設它們在心外有存在嗎？這不是明顯的矛盾，而且是完全不可想像的嗎？

18 不過堅固的、有形狀的、可推動的實體，縱然可以在心外存在，與我們所有的物體觀念相符，我們又如何能知道這一點呢？我們若不是藉感官知道，就是藉理性知道。說到我們的感官，我們只能藉它們來知道我們的感覺、觀念或直接爲感官所知覺的那些東西；不過，它們卻不會告訴我們心外有一些東西存在著，雖不被我們所知覺，卻與所知覺的東西相似。這一點，就是唯物主義者也是承認的。因此，我們如果尙能知道外界的事物，只有藉助於理性由感官直接知覺的東西推知外物的存在。但是我看不到有什麼理由，可以使我們根據所知覺的東西來相信心外有物體存在，因爲就是主張物質說的人們，也不妄謂在外物和觀念之間，有任何必然的關聯（necessary connexion）。人人都承認外界縱然沒有相似的事物存在，我們也一樣可以爲我們現在所有的觀念所刺激。在睡夢中、瘋狂中以及相似的情節中所發生的事實，已經使這毫無辯論的餘地。因此我們分明可見，觀念的產生並不需要假設外在的事物。因爲人們都承認，縱然沒有外物和觀念同時存在，觀念有時也可以按照我們所常見的秩序產生出來，而且可能永遠產生出來。

19 但是人們或者又會說，離了外物，我們雖然也可以有感覺，可是我們如果假設有外在物體和它們相似，則比沒有這種假設之外，更爲容易解釋它們產生的方式；因此，至少我們可以推想有所謂的物體，在我們心中引起它們的觀念。不過，這樣說也是沒有用的。因爲縱然我們讓唯物主義者有那些外在的物體，他們自己也承認，並不能因此更接近知道我們的觀念是怎樣產生的；因爲他們承認，自己並不能了解物體以何種方式能夠對精神發生作用，或者物質如何在心靈中印上任何觀念。因此，顯然我們心中雖然產生了各種觀念或感覺，可是我們並不能據此爲理由，就假設物質或有形實體存在，因爲他們承認不論是否有這種假設，觀念的產生一樣是不可了解的。因此，物體縱然有在心外存在的可能性，也不能不說這種主張是一種危險的意見；因爲這毫無根據地以爲上帝所創造的無數事物，都是完全無用的，且沒有任何用途。

20 簡單地說，如果有外在物體存在，那我們是不能知道它們的；如果沒有，則我們仍有同樣理由相信，現在以爲的所有外在物體是存在的。假如有一種心智，沒有外在物體的幫助，也可以感受到你的一串觀念或感覺，且那些觀念同樣在他的心中有著和你的心中一樣的秩序和鮮活性。那麼我就問，那個心智是否也有你所有的那些理由，來相信那些有形實體存在，來相信它們是被觀念所表象的，是在他心中刺激起那些觀念來的？這一點，是毫無問題的。任何有理性的人只要一思考到這一點，就可以相信，自己所以相信心外物體的存在，理由實在是很薄弱的。

21 在說了這些話以後，我們如果還必須進一步舉一些證明來反對物質的存在，則我仍可以舉那個教條所引起的一些錯誤和困難（且不用提褻瀆）。這個教條在哲學中已經引起無數的辯難和爭論，在宗教中引起一些重大意義的爭論。不過我在這裡，並不願意詳細論述這一點。一方面因爲我以後還有機會來討論這個題目；另一方面因爲我覺得，我在這裡先驗（*a priori*）地所充分證明出的道理，不必用後驗（*a posteriori*）論證來證實。

22 我恐怕我在這裡講的這個題目太冗長了。因爲我們既然可以向稍能思考的人們，用一兩行文字把這個眞理極其明白地證明出來，那麼我們又何必一再申述呢？你只要看看自己的思想，只要想想一個聲音、一個形狀、一種運動、一種顏色，是否能在心外不被知覺而存在，你就會看到自己所爭執的只是一個矛盾。我很願意就此結束我們的爭論，如果你能設想，一個有廣延且可移動的實體，或者較一般地說一個觀念，或者一個與觀念相似的東西，不在知覺它的心內也可存在，那我可以立刻放棄我的主張。至於你所堅持的那些外物組成的黏合（compages），我願接受它存在，縱然你不能給我解釋你何以相信它存在，且你不能說出它如果存在有什麼用處。我說你的意見爲眞的可能性很小，就在於其論據證明如此。

23 不過你又說我們很容易想像，例如：公園中有樹，壁櫥裡有書，且沒人來知覺它們。我可以答覆說，你自然是可以如此設想的，這並沒有什麼困難。不過我要問，你這不是只在心中構成所謂樹和書的觀念嗎？你只是在同時沒有構成任何能知覺它們的人的觀念罷了！實則你自己一向是在知覺或想像它們的。因此，你這種說法是沒用的。它只足以表明你能在自己心中構成各種觀念；可是它並不曾表明你能設想你的思想對象可以在心外存在。要想證明這一點，則你必須想像它們是不被設想而能存在的，那就分明是一個矛盾了。當我們盡力設想外在事物的存在時，我們始終在思考自己的想法。不過人心因爲不曾注意到自己，因此，它便錯認自己可以設想各種物體，可以不被思想而能存在，或在人心以外存在。實則那些物體同時是因爲它所了解，而存在於它自身之中的。任何人只要稍微注意一下，他就可以發現我這話是眞實而明白的，因此，我們也就不必再援引別的證明，來反駁物質實體的存在了。

24 顯然，我們只要稍微考察自己的思想，就可以知道自己是否可能理解可感覺事物（sensible objects）本身的絕對存在，或心外的存在。在我看來，這些文字只不過標記出一個明顯的矛盾，否則便是全無意義的。要想使人相信我這種說法，最簡捷、最公平的方法，就是讓他們平心靜氣地觀察自己的思想。他們在注意觀察之後，如果看到這些說法是空洞和矛盾的，則他們再不用別的東西，就可以確信我的說法。因此，我必須堅持，所謂「無思想事物的絕對存在」（the absolute existence of unthinking things）只是一句無意義的或含有矛盾的話。這一點是我一再強調，極願使讀者認眞思想一番的。

25 我們的一切觀念感覺，或知覺到的一切事物，不論我們以什麼名義來分辨它們，它們顯然都是非主動的（inactive）：並沒有力量（power）或能動性（agency）。因此，一個觀念或思想的對象（object of thought）並不能產生或改變別的觀念。要相信我這種說法爲實，我們只要觀察一下自己的思想，並無需別的，因爲它們或它們的一切部分既然只存於心中，因此，它們所包含的也無一不是被知覺到。不過，不論誰來考察自己的觀念，無論來自感覺（sensation）或反省（reflexion），都不會看到它們裡面包含著任何力量或活動力（activity）；

它們根本不含有那些事物。只要稍微留意，就可見觀念的存在只含著被動性（passiveness）或惰性（inertness）。因此，任何觀念都不能有什麼作用，或者嚴格地說，都不能成爲任何事物的原因；不但如此，它也不能是任何能動事物的仿本（resemblance）或模式（pattern），如第8節所指出的那樣。因此，我們可以斷言，廣延、形狀和運動，並不能成爲我們感覺的原因。因此，要說這些感覺是各種力量的結果，而且這些力量又是由物質粒子的形狀、數目、運動和大小而來，那一定是一種錯誤的說法。

26 我們常常知覺到繼續不斷的一串觀念；其中有的是新刺激（excited）起來的，有的變化了，或者完全消滅了。因此，這些觀念一定有一種原因爲它們所依靠，並且產生它們、改變它們。不過我們由前節看來，可以知道這種原因一定不是任何性質、觀念或觀念的複合。因此，它必然是一種實體；不過我們已經指出，有形的或物質的實體不存在，因此觀念的原因乃是一個無形的、主動的實體（an incorporeal active substance）或精神（spirit）。

27 所謂精神是一個單純、不可分的、主動的存在（active being）。由於它知覺到觀念，因此我們就叫它做知性（understanding）；由於可以產生觀念，或在觀念上有別的作用，因此它又叫做意志（will）。因此，對於精神或靈魂無法形成任何觀念；因爲一切觀念既然都是被動的、無活力的（參照第25節），它們便不能藉影像（image）或複本（likeness），把主動的給我們表象出來。任何人只要稍加注意就可見，我們想擁有好似的主動原理和觀念變化的類似觀念，是絕對不可能的。我們只能藉著精神所產生的結果來知覺它，此外，並無別的方法；這正是精神的本性。如果有人懷疑我這裡所說的眞理，則他只要思考一下，試試自己能否對於任何力量或主動存在物構成任何觀念；看看自己對於意志和知性兩個名稱所表示的、彼此不同的那兩種主要力量，能否構成兩個清晰的觀念；他還可以試試自己對於靈魂或精神一詞，所表示的那種東西，能否構成一個第三種實體（Substance）或存有（Being）的觀念，並且在構成這個觀念時，還附帶著一個相對理念，即它是支撐上述那些力量或爲其主體的。有的人是做此主張，不過據我所知，所謂意志、靈魂、精神等名詞，並不表示各種差異的觀念，或者根本就不表示任何觀念；它所表示的完全與觀念不一樣，而且它既是一個主動主體，它就不與任何觀念相似，不能爲任何觀念所表示。〔儘管它必須同時承認，只在我們有關於靈魂、精神和心理作用，如：意願、愛、恨等理念，我們知道或理解這些詞的含義情況之下。」

28 我發現我可以任意在自己心中激起各種觀念，並且可以隨意變換情景。我們只要一發動意志，則這個或那個觀念就立刻可以在想像中生起；而且我們可以根據同一能力，消滅那個觀念，再生起別的觀念。人心因爲有這種創生和消滅的能力，因此我們很可以說它是主動的。這一點是很確定的，而且是建立在經驗上的。但是我們如果說有不能思想的主體，或者說離開意志可以激起觀念，那就只是玩弄文字罷了。

29 可是，不論我有什麼能力來運用我自己的思想，我又看到憑感官實際所感到的感覺，並不依靠於我的意志。在白天的時候，我只要一張開自己的眼睛，便沒有能力自由選擇看或不看，也不能決定要使某一些特殊的物象呈現於我的視野。說到聽覺和別的感官，則我也知道，印於它們之上的觀念，也並不是我的意志產物。因此，一定有別的意志或精神來產生它們。

30 感覺觀念（the ideas of sense）要比想像觀念（the ideas of imagination）更爲強烈、更爲活躍、更爲清晰。它們是穩定的、有秩序的，而且是互相銜接的；它們並不是意志的結果，並不能任意刺激起來；它們是在有規則的系列中出現的，其互相聯繫之神妙，足以證明造物主的智慧和仁慈。我們所依靠的那個心靈（Mind），在我們心中刺激起感覺觀念時，要依據一定的規則或確定的方法，那些規則就是所謂自然規律（the laws of nature）。這些規律是由經驗得來的，因爲經驗可以告知我們，在事物的日常進程中，某些一定的觀念，常會引起某些一定的其他觀念。

31 我們由此得到一種先見，作爲自己的行爲規範，以促進人生的利益。如果沒有這種先見，那我們會永久陷於迷惑；永遠不知道應該怎樣去做一件事，才能得到更多的感官快樂，或避免最小的感官痛苦。我們所以知道，食物可以養人，睡眠可以息身，火可以暖人，在播種時播種，就能在秋收時有所收穫，一般說來，採用某種方法才可以達到某種目的；並不是因爲我們在各種觀念之間發現了任何必然的連結，只是因爲我們觀察了自然的確定規律。如果離開這些規律，我們會完全處於不定和紛亂中，而且一個成年人就會像新生嬰兒似的，不知道在日常生活中如何處理事務。

32 不過這種和諧的、一致的作用，雖然已經表示出主宰精神（Governing Spirit）的美善和智慧（Goodness and Wisdom），其意志就是自然規律，可是它卻沒有使我們的思想追求上帝，反而促使它們追求次等的原因（second causes）。我們既看到某些感覺觀念常常引起別的一些觀念，而且我們知道這不是自己所做出來的，因此，我們就一直認爲觀念自身有一種能力和主動作用，並且認爲這一觀念是另一觀念的原因，實則這是最荒謬、最不可理解的。例如：當我們看到，我們在以視覺看到圓而發光的形象時，同時又憑觸覺感到所謂熱的觀念或感覺，則我們會由此斷言，太陽是熱的原因。同樣地，我們如果看到各種物體在運動中相互撞擊以後發出聲音，則我們也會認爲聲音是運動撞擊的結果。

33 造物主在我們感官上所烙印的各種觀念，就叫做實在的事物（real things），至於在想像中所刺激起的那些觀念，則比較不規則、不活躍、不固定，因此，它們可以叫做觀念或事物的影像，因爲它們是摹擬事物、表象事物的。不過我們的實在感覺雖然十分活躍、十分清晰，它們仍只是一些觀念，那就是說，它們是在心中存在的，是爲心所感知的，正和它自己所造的觀念一樣。我們自然承認感覺觀念比起人的心靈產物，有較大的實在性，而且較爲強烈，較爲有序，較爲連貫，不過這並不足以證明它們在心外存在。它們自然比較少依賴於能知覺它們的那個精神或能思想的實體，因爲它們是爲另一個較有力的精神意志所刺激起來的。不過它們依然只是觀念，而觀念呢，不論強弱，都是不能在知覺它的心外而存在。

34 在我們進一步討論之前，我們可費一些時間來答覆人們對於我這裡的原理所可能加諸的責難。在回答時，理解敏捷的人們如果覺得我過於囉唆，則我希望他們能原諒我，因爲這一類事物的本性，並不是人人都能同樣易於了解的，而我是願意人人都能了解它們。首先人們會反對說，按照前面的原理，自然中一切實在的（real）、實質的（substantial）東西，都被放逐於世界之外；代替它們的是一個虛幻的觀念系統。一切存在的事物，既然都存在於心中，都是純粹屬於理念的（notional），那麼日、月、星都成了什麼樣呢？我們應該如何來設想房屋、河流、山嶽、樹林、石頭甚或自己的身體呢？這些東西都是想像中的幻想嗎？對於這一類責難，我可以回答說，按照我所舉出的原理來講，我們並不曾失掉自然中的任何事物。我們所見、所觸、所聽、所想像、所理解的任何東西，都仍和先前一樣固定、一樣眞實。這裡還有一種自然且實在和虛幻的分別，仍是完全有效的。這一點，在29節、30節、33節可以看到；在那裡，我們已經指明，與幻想或者我們自己創造的觀念對立的實在事物有何不同意義。不過它們都一樣存在於心中，而且在那一種意義下，都一樣是觀念。

35 我並不否認我們憑感官或思考所能了解的任何事物的存在。我眼所見的事物，和我手所觸的事物，都是存在的，都是實在存在的；這一點，我絲毫也不懷疑。我所不承認爲存在的唯一東西，只是哲學家所說的物質或有形的實體。不過我雖否認這一點，可是我對於其餘人類並不曾有所損害，因爲他們根本就不需要這種東西。只有無神論者（the atheist）會因此少了一個粉飾其不敬神明的空洞名稱，只有哲學家或許會因此覺得自己在繁瑣的爭論中失去了大的把握。

36 如果有人以爲我這種主張有損於事物的存在或實在性，那他眞不了解我用最淺顯的詞句所說的話。在此摘取要點重述一遍，有一些精神的實體，就是人心或靈魂，可以在自身任意刺激起一些觀念，不過這些觀念較之感官所知覺的其他觀念，則是模糊、微弱而不定的；後一種觀念是按照自然法則或規律烙印於感官上的，那就表示出它們自己是一種比人類精神更有力量、更明智的心靈產物。後面這一類觀念，比前一類觀念有較大實在性，那就是說，它們是更有影響、更有秩序的、更清晰的，而且不是由能知覺它們的心靈所虛構的。在這種意義下，我們可以說，我們在白日所見的太陽是實在的太陽，在晚上所想像的太陽是前者的觀念。按這裡所說的實在的意義看來，顯而易見，每一種植物、星宿、礦物以及世界中任何部分，按照我的系統和按照別的任何系統一樣，都仍是一種實在的東西。別人如果以爲實在一詞的意義不是我所說的這樣，則我請他們觀察一下自己的思想究竟是什麼樣的。

37 人們或者又反駁說，至少我們也可以說，這樣我們就把一切有形實體都排除了。我可以答覆說，實體一詞如果是取其通常的意義，即如果是指各種可感覺性質的組合體（a combination of sensible qualities）而言，比如廣延、硬度、重量等組合體，那麼人們便不能誣指我們把實體去掉。但是實體一詞如果是指哲學的意義，如果是指支撐心外各種偶性或性質的一種東西而言，則我切實承認我們是把它去掉了——如果人們可以說，那個根本不存在，甚至在想像中也不存在的東西，也可以說是去掉的話。

38 你或者說，要說我們吃觀念、飲觀念、穿觀念，那是很難聽的。我也承認是這樣的，因爲在通常談話中，人們所用的觀念一詞，並不表示可感覺性質的組合體，如果這種組合，平常是稱爲事物；而且那個和日常語言不同的說法，那一定是難聽而可笑的。不過這無損於我們的命題爲眞，因爲我們如果換一個說法，則這個命題的含義也不過是說，我們所吃的、所穿的，只是我們感官直接所感到的那些東西罷了。組成各種衣食的種種性質，如軟、硬、色、味、暖、形等，我們已經指出，它們只在知覺它們的心中存在；我們所以稱它們爲觀念，也就是這個道理。觀念這個名詞，如果也和事物一詞一樣通常使用，則我們也不覺得它多麼難聽、多麼可笑。我所爭執的不在於用語的恰當與否，而在其眞實與否。如果你也承認我們所食、所飲、所穿的，都是感官的直接對象，而且它們不能在心外存在，不能不被知覺而存在，則我可以立刻承認，要稱它們爲事物，而不稱它們爲觀念，那是較爲妥當、較爲合於習慣的。

39 人們如果要問，我爲什麼應用觀念一詞，而不屈從習慣叫它們爲事物，則我可以答覆說，我所以如此，有兩種原因。第一，因爲事物一詞如果和觀念對立起來，則人們通常以爲它是指心外存在的一種東西。第二，因爲事物一詞比觀念一詞的含義較廣，它不只包含觀念，而且亦包含精神和能思想的東西。感官的對象既然只存在於心中，而且又是被動的、無思想的，因此，我就寧願以觀念一詞來表示它們，因爲這個名詞正包含著那些性質。

40 不論我們說什麼，可是有的人或者還會答覆說，他仍然相信他的感官，並且不讓任何動聽的證據來懷疑它們的確實性。那麼好了，你可以儘量提高感官的證據，我們也正想提高它們的證據。我所見、所聞、所觸的，都是存在的，都是被我所知覺的，這一點是我所不否認的，正如我不否認我自己的存在一樣。不過我看不到感官的證據，如何能夠拿來檢驗任何不被感官所知覺的事物的存在。我們並不想使任何人變爲一個懷疑主義者，而不相信自己的感官；反之，我們正願給予感官一切可想像的重視和信任。沒有別的原理比我們所建立的那些原理和懷疑主義更相反。這一點，我們在後面將明白地指示出來。

41 其次，人們又會反對說，在眞實的火和火的觀念之間，例如：夢見或想像自己被火燒，和眞正被火燒之間，確實有一種重大的區別。人們如果以這一類的說法來反駁我們的論點，則我可以答覆說，前面所說的已經可以答覆這個責難了。不過我還可以附帶地在這裡申述，實在的火既然和火的觀念不同，那麼，它所引起的疼痛也和疼痛的觀念不同，不過疼痛的觀念固然只在人心中，可是無人敢說實在的疼痛能在心外存在，能在無知覺的事物中存在。

42 第三，人們或者又會反駁說，我們看到各種東西存在於外界，或和我們之間是遠隔的，因此它們就不在人心之中；因爲要說我們所見數哩以外的東西，會和我們的思想一樣接近於我們，那是很荒謬的。爲了答覆這一點，我希望人們思考一下：在睡夢中我們雖然常見有事物在遠處存在，可是我們仍然僅承認它們只存在心中。

43 不過爲了更詳細地闡明這一點，我們還應當考慮，我們是如何藉視覺得以知覺到距離和遠隔的事物。因爲我們如果眞可以「看到」外在的空間，和在其中實際存在的各種物體，有的近、有的遠，那麼這就與我們所說的有所牴觸，因爲我們曾說它們的存在不能在心之外。我因爲考慮到這一點困難，所以才寫了那部《視覺新論》（*Essay towards a New Theory of Vision*）。在那部書裡，我曾經指出，所謂距離（distance）或外界存在，我們既不能憑視覺直接知覺到它，也不能憑線和角，或與它有必然連結的任何事物來理解或判斷；它之所以在我們的思想之中，只是由於視覺而起的一些可見的觀念或感覺；就其本性而論，與距離或遠隔的事物並沒有任何相似之處，或有任何關係。這些觀念所以向我們暗示出距離和遠隔的東西，只是因爲經驗告知我們，它們的結合正如任何語言中的文字，將它們所代表的觀念提示於我們的心中一樣。因爲這種緣故，一個先天盲人在後來如果能看見事物，則他在初看之下，並不以爲所見的事物是在心外存在的，或是和他遠隔的。讀者可參閱《視覺新論》四十一節。

44 由視覺而來的觀念和由觸覺而來的觀念，是完全不同的和不相似的兩個種類。前者是後者的標記和預兆（marks and prognostics）。在《視覺新論》中，我們也已指出，視覺的固有對象既不在心外，也不是外在事物的影像。在那部書中，我們雖然假設可觸對象（tangible objects）心外存在，可是那並不是因爲我們必須要採取通俗的錯誤，來建立那部書中的理念（notion），乃是因爲我的目的並不在於考察和反駁那種錯誤。因此，透過視覺觀念，我們雖把它們認爲是距離、是遠隔的事物，可是嚴格說來，它們並不曾向我們提示出眞正在遠處存在的事物。它們只是要我們注意，在某種時間距離以後，在某些動作以後，將有何種觸覺觀念要烙印在我們心中。從這部書中的前幾部分和《視覺新論》第一四七節以及其他部分，顯然可見，視覺的觀念乃是我們所依靠的主宰精神所用的語言，它用這種語言來告知我們，它將在我們身上烙印哪些可觸的觀念，如當我們在自己身體中發起這樣或那樣的動作。不過想要較明白地了解這一點，請讀者參看《視覺新論》那本書。

45 第四，人們會反駁說，由前面的原理說來，各種事物是在每一剎那中消滅而又創生的。感官的對象既然在被人知覺時才能存在，因此，公園的樹木、客廳的椅子，如果沒有人在那裡知覺它們，它們就不在那裡。我一闔了眼，則屋中的器具會歸於烏有，而且我只要一睜開眼，則器具又會重新創生出來。要答覆這一點，我可以請讀者參考我在3、4等節所說的話，我並且希望他考慮一下：不被知覺的觀念眞實存在，究竟是什麼意思？我覺得在我做了最精密的考察之後，並不曾發現這些文字有任何意義。因此，我仍請讀者研究一下自己的思想，不要讓自己爲文字所欺。他如果能想像：自己的觀念或觀念的原型，可以離開知覺而存在，則我可以拋棄我的主張。他如果做不到這一點，則他如果再挺身來辯護自己所不知道的東西，而且以爲我之所以不同意那些毫無意義的命題是荒謬的，那他就該承認自己太無理了。

46 我們正可以注意，對那些傳統哲學原理本身，可以拿上述的荒謬之點加以責難。要說圍繞我們的一切可見對象在我閉眼以後，都歸於消滅，那是荒謬萬分的。不過哲學家既然都主張，視覺直接的、固有的對象、光和色，都只是一些感覺，不被知覺時就不存在，那麼他們不是都承認對象在閉眼以後均消滅了嗎？要說各種事物可以在剎那間創造出來，有些人認爲是不可信的。不過這個想法卻又是經院中常常教人的。因爲經院學者（the Schoolmen）雖然承認物質存在，雖然承認塵世的結構都是由物質構成的，可是他們仍然相信如果沒有神聖的保守（divine conservation），物質就不能存在，而他們解釋這種保守就是不斷的創造。

47 我們在一想之後，就可以發現，我們縱然承認物質或有形實體存在，可是按照現代人一致承認的原理來說，我們必然斷言，任何種類特殊的物體在不被知覺時，都是不存在的。因爲據11節和以後各節看來，哲學家所力爭的那種物質是不可理解的一種東西，它並不像我們感官所見的物體似的，有各種特殊的性質，可以互相分辨。爲使這一點更爲明瞭起見，我們還必須說，物質的無限分割性是公認的，至少也是那些最著名和思慮周密哲學家所承認的，因爲他們已經根據公認的原理，把這一點明白地證明出來。因此，就可以推斷在每一個物質粒子中，都有無數的部分不是爲感官所知覺到的。特殊物體的體積似乎是有限的，所以在感官面前只呈現出有限的部分，並不是因爲不含較多的部分，因爲它包含著無數的部分，乃是因爲感官並不夠敏銳，不能分辨它們。因此，我們的感官如果愈敏銳，它在對象中所見的部分也就愈多；那就是說，那個對象也就變得大了一點，它的形狀也就發生了變化，以前在邊緣中所看不到的那些部分，現在就以角和線對它樹立界線，它因而就與較遲鈍的感官所知覺的大爲不同了。因此，到了最後，在體積和形狀經過若干次變化以後，感官的敏銳度如果變到無限大的地步，則物體也會顯得是無限大的。在這些過程中，物體方面並無變化，所有的變化只在於感官方面。因此，每個物體，就其本身來說，原是無限廣大的，因此，它是沒有任何形狀的。由此就可以推斷說，我們縱然承認物質的存在是千眞萬確的，而我們仍然可以斷言，唯物主義者即使按其自己的原理，也不得不承認感官所知覺的任何特殊事物，或任何類似的東西，都不存在於心外。因此，按照他們所說，物質和物質的每一粒子都是無限的、無形的，只有人心才可以構成可見世界中所有複雜而變化多端的物體，因此，任何物體，只要不被知覺，就是不存在的。

48 我們在思考之後，就可以看到，人們並沒有理由把45節所提出的那種反駁加諸我們所提出的那些原理上，以致可以構成眞正反對我們理念的任何責難。因爲我們雖然主張感官的對象不是別的，只是離開知覺就不能存在的觀念，我們卻不能由此斷言只有在被我們知覺時，它們才存在；因爲我們雖然沒知覺到它們，可是可能還有別的精神在知覺它們。我們雖然說，各種物體在心外並不存在，可是人們不要誤會，我是指著這個或那個特殊的心而言，因爲我所指的，乃是任何所有的心。因此，我們並不能根據前面的原理斷言，各種物體是每一刹那在被消滅、被創造的，也不能斷言在我們知覺它們有了間斷時，它們就完全不存在。

49 第五，人們或者還會反駁說，廣延和形狀如果存在於心中，則心一定是有廣延、有形狀的。因爲廣延是一種形態或屬性，它們是包含於它說明的那個主體的（如經院派所說）。不過我可以答覆說，那些性質之所以在心中，只是因爲它們被心所知覺，那就是說，它們不是作爲心的形態或屬性，只是作爲它的觀念。因此，我們雖然說，廣延只在心中存在，可是我們並不能因此就說靈魂或心是有廣延的，也正如我們雖都一致承認紅色和藍色只能在心中存在，可是我們並不能因此就說心是紅的或藍的，這是誰也不否認的。至於哲學家關於主體和形態所說的話，似乎是很無根據、很無意義的。就如說「一個骰子是硬的、方的、有廣延的」，則在這個命題中，他們會以爲「骰子」這個詞是表示主體或實體的，至於硬度、廣延、形狀則與它不同，是它的屬性，在它之內存在。這種說法，我是不能理解的；在我看來，一個骰子並不與所謂它的形態和偶性的那些東西有別。因此我們如果要說，一個骰子是硬的、方的、有廣延的，則我們並不是把這些性質歸於與它們不同且支撐它們的一個實體，我們在這裡只不過解釋骰子一詞的意義罷了。

50 第六，你或者會說，有許多事物是可以拿物質和運動來說明的；如果你把這些去掉，則你會消滅全部的微粒哲學（corpuscular philosophy），會摧毀足以解釋宇宙現象的那些機械的原理。總而言之，古今哲學家在研究自然方面所有的任何進步，都只是由於他們假設有形的實體或物質是眞實存在的。不過我可以答覆說，用那個假設所解釋的任何現象，離開了那個假設也一樣可以解釋得出來。我們若把特殊的一些事件加以歸納，就容易看到這一點。要解釋一個現象，正是要說明在這樣和那樣的情況下，何以我們會受那樣觀念的刺激。不過物質究竟如何能在精神上發生作用，並且能在其中產生任何觀念，那是任何哲學家不敢想解釋的。因此，很明顯地，在自然哲學中，物質不能有任何用處。此外，人們在說明各種事物時，並不利用所謂有形的實體，他們只以形狀、運動和別的性質來說明它們，不過這些性質歸根到柢仍只是一些觀念，因此，它們便不能成爲任何事物的原因，這一點前面已經指出了。

51 第七，人們在這裡又會問，要把一切自然的原因除去，並把一切事物歸於精神的直接活動，那豈不是荒謬的嗎？按照這些原理來說，則我們不當再說火在熱、水在涼，我們只應說精神在熱、精神在涼。不過一個人如果這樣談論起來，則他不是活該被人笑話嗎？我答覆說：「是的，他是會被人笑話的。」不過在這些事情方面，我們的思想應該依從學者，我們的談話卻應該依從俗人。人們在經過證明以後，雖然相信哥白尼學說的眞理，可是他們還是一樣說太陽升起、太陽落下、太陽到了天頂。他們如果在普通談話中做出相反的說法，那當然是很可笑的。我們稍加思考這裡所說的話，就可以看到，人們在承認了我們的原理之後，普通語言的使用也不會有任何變化或擾亂。

52 在日常生活中，各種語句在嚴格的、理論的意義下，不論如何虛僞，它們只要能刺激我們的適當情感或意向，使我們在幸福所必需的方式下行動，則我們仍然可以保留那些語句。這種情形乃是不可避免的，因爲語言的恰當與否，既然是習慣所規範的，因此，語言是符合公認意見（received opinions），然而公認意見不一定是顚撲不破的。因此，即在最嚴格的哲學推論中，我們也不能使自己語言的旨趣發生根本變化，說起話來不使吹毛求疵者找碴來非難我們、反駁我們。不過一個公平而坦白的讀者，會忽略語言中因習慣所生的那些不可避免的、不精確的說法，只從論述的範圍、題旨和聯繫中，來確定其意義。

53 經院學者中有些人主張沒有所謂有形質的原因，近代哲學家中也有如此主張；這些人一面承認物質是存在的，一面卻又認爲上帝是一切事物直接的唯一動力因（efficient cause）。這些人看到，在感官的一切對象中，沒有任何事物具有主動能力，因此，他們也看到，他們所假設的心外之物也都是這樣，正和感官的直接對象一樣。不過他們既然不承認所假設的無數造物，能在自然中產生任何結果，那麼，上帝創造它們就全無目的了。因爲上帝離了它們，也一樣可以做任何事情。因此，我們縱然承認這種假設是可能的，然而它仍然是一個肆無忌憚和莫名其妙的假設。

54 第八，有的人或者會認爲人類普遍而一致的同意，就是證明有物質的一個不可抗拒的論證，就是外物存在不可抗拒的論證。我們假設全世界都錯誤了嗎？如果是這樣，我們如何解釋這樣廣泛、這樣得勢的一種錯誤呢？不過我可以答覆說，首先，在精細的考察之後，我們或者會看到，事實上並沒有我們所想像的那麼多人，眞心相信心外有物或物質存在。嚴格來說，要相信含有矛盾且全無意義的說法，那是不可能的。上述的幾種詞語是否爲這一類的，我讓讀者平心靜氣來考察好了。在某種意義下，人們誠然可以說是相信物質存在的，那就是說，就他們的動作看來，他們好像以爲，那不時刺激他們而又與他們極其接近和呈現的感覺之直接原因，只是一種無感覺、無思想的東西。不過要說他們會清晰地了解這些文字的意義，並且對於它們構成一個確定的、思辨的意見，那是我所想像不到的。人們往往想像自己相信常聽到的那些命題，實則那些命題是全無意義的，而且他們也只有自欺罷了。不過自欺的例子很多，此處所說的只是其中之一罷了。

55 第二，我們縱然承認全人類所固執的一個想法，這也實在不足以證明那個想法是正確的。只要我們一想到，不肯多多思考的人（大部分的人類）到處極其頑固地接受許多偏見和錯誤意見，即可一目了然。曾經人們都承認對蹠點（Antipodes）和地球運動是很荒謬的說法，即使有學問的人也是這樣的。我們如果想到，相信此說的人在全人類中是如何之少，我們將會看到就在今天，那些想法在世界上也只得到很小的立足之地。

56 但是人們或者又會讓我們來說明這種偏見的原因，解釋它何以會通行於世。我的答覆是這樣的。人們因爲知道自己感到一些觀念，而且知道它們不是由自己所創造的，因爲它們不是由內部刺激來的，也不是依靠於他們的意志作用，因此，他們就主張，那些觀念或知覺的對象，「可以不依賴心靈而存在，可以獨立於心外而存在」。他們並不曾夢想到，那些文字中正含有一種矛盾。不過，哲學家卻分明看到：知覺的直接對象並不存在於心外，因此在一定程度上，他們就有幾分改正了俗人的錯誤。不過，他們同時卻又陷於似乎同樣荒謬的錯誤裡。因爲他們又認爲有一些對象是眞的於心外存在的，是有異於被知覺事物而存在的；我們的觀念只是它們的影像或肖像，是被那些對象所烙印於心中的。哲學家的這種想法，也正和俗人的想法一樣，是由同一根源來的；就是說他們分明意識到自己不是那些感覺的創造者，分明知道它們是由外界印入的，因此，他們就斷言，這一定有一個異於它們印入心靈的原因。

57 不過人們爲什麼假設感覺觀念只是由與其相似的事物在心中刺激起的，而不求助於唯一主動的精神呢？我想可以這樣說明：首先，因爲他們既沒注意到假設外界有類似觀念的東西存在是矛盾的，也沒注意到歸給它們力量或活動力是矛盾的。其次，最高的精神雖然能在我們的心中刺激起那些觀念，可是我們看不到可感覺觀念之任何特殊的、有限制的集合體（any particular finite collection），會把它標記出來，一如人類被其大小、容貌、肢體和運動所標記出來那樣。第三，因爲祂的運作是有規則的、前後一致的。自然的進程如果被一種奇蹟所中斷，則人們很容易承認有一個高高在上的主宰（a Superior Agent）。但是如果看到各種事物在尋常的進程中活動著，它們便不會引起我們思考。它們的有條不紊、互相連貫，雖然很足以證明造物主的極大智慧、權力和仁慈，可是我們既然司空見慣，便不以爲這是一個自由精神（Free Spirit）對它們產生直接的作用。而我們之所以不以爲它們是這樣的，尤其因爲不斷的變化和缺乏經常的活動，儘管事實上是不完善的，但是我們認爲這是自由的標記。

58 第十，人們會反駁說，我們所提出的想法與哲學和數學中一些健全可靠的眞理不一致。就如說地球的運動爲天文學家普遍承認，是建立在最明白、最有力的理由之上。不過按照前面的原理，我們並不能說有這回事。因爲運動既然只是一種觀念，它在不被知覺時，便不存在。可是地球的運動，正是我們的感官所不能感覺到的。不過我可以答覆說，如果對它正確地了解，我們可以看到，那個學說和我們所提出的原理，實在是一致的。因爲地球是否運動這個問題，實際上只不過是說：就天文學家所觀察的來說，處於某種情形之下，在與太陽和地球的某種距離之外，我們是否可以看到地球是在一列行星中繞日而行，是否可以看到它在各方面來說，完全像是一個行星。不過這一點可以根據無法懷疑的自然確定法則，有理由從現象中推斷出來。

59 我們因爲經驗到心中有連續不斷的各種觀念，因此，我們可以常常根據這種經驗，對於將來經過一系列行動後所要刺激我們的那些觀念，做出一些確定的、有根據的預言，並非不確定的猜想，並可以正確地判斷，我們將來所處的情況，如果和現在不一樣時，會有什麼樣的事態呈現於我們面前。我們對自然所有的知識就是由此產生的；而且它的功用和準確性也正如我們上面所說的那樣。人們如果根據星宿的體積，或天文、自然中其他的發現，發出類似的責難，則我們也容易用這裡的說法給予答覆。

60 第十一，人們或者又會問，植物的奇妙組織，和動物各部分的驚人構造，究竟爲了什麼目的？離開了那些精巧美妙而複雜的內在組織，植物不是一樣可以生長，一樣可以布葉吐花，動物不是一樣可以進行其動作？因爲那些內部組織既然只是一些觀念，既然沒有有力的、主動的成分，而且與人們認爲它們一向所發生的那些結果，沒有必然的連結，那麼還用它們做什麼呢？如果一切結果都是由一個精神的命令或意志直接產生的，那我們就必須認爲：不論在人或自然方面，一切精妙的工作都白費了。按照這個學說，一個匠人雖然造了一個錶的發條、齒輪和各種零件裝置，雖然把它們安排得能產生預期的運動，可是他仍該知道這都是白費的，仍該知道只有神明在指撥指針、在指示時辰。既然如此，則那個神直接指出時辰就好了，又何必讓人費心製造各種零件裝置，而加以配合呢？鐘錶的空殼爲什麼不能如鐘錶一樣，指示出時間來呢？而且我們眞不理解，何以錶走得有了毛病，零件就會相應地紛亂起來，而且在經過巧手修理以後，又走得準確起來。關於自然中一切發條裝置都可以如此說：自然的發條裝置（the Clockwork of Nature）大部分是精妙無比，最好的顯微鏡也觀察不出來。總而言之，在普通哲學裡，用絕技所創造的那些無數的物體和機器，都有適當的功用，並且可以說明紛繁的現象。不過按照我們的學說來講，我們實在不能給這些物體找出大家通得過的解釋，實在不能給它們找到最後的原因。

61 要答覆這點，第一，我可以說，關於上帝的管理方法和指定給自然中各部分的功用，誠然教人感到困難，不是我們可以用前面的原理所能解釋的。不過有些事物，我們既然極其明顯地把它們先天必然地證明出來，這一點責難對於那些事物的眞理和正確性來說，是沒有什麼重要的。第二，我還可以說，就是傳統的學說也一樣不能避免這類困難。因爲既然有些事物上帝只用自己的意志命令，不用任何器具就可產生出來，那麼我們仍然可以問，上帝爲什麼還要拐彎抹角，用各種工具和機械來產生它們呢？第三，我們如果仔細考究，可以更有力的反駁那些人的反對。他們主張那些機器是存在於心外，不過我們已經闡明硬度、體積、形狀、運動等，並沒有動力或效用，並不能在自然中產生任何結果（參閱25節）。因此，誰要假設它們在不被知覺時尚能存在，縱使這個假設是可能的，他的假設也是白費的；因爲人們假設它們所有的唯一目的：它們的存在不被知覺，只在於產生那些可知覺的結果，可是正確地說，那些結果只能歸於精神，不能歸於別的事物。

62 第四，我們如果再較詳細地觀察一下這種困難，我們還必須說，各個部分和器官的組織，雖非產生任何結果時所絕對必需的，可是要按照自然規律，在一種恆常而有規則的方式中，來產生各種事物，則這個組織卻是必需的。在一連串自然的結果中，常有一些普遍的規律貫穿其間，人們在觀察自然、研究自然之後，就可以學得這些規律。學得以後，他們或者把它們應用到製造人爲的事物上，以供人生的應用和妝飾，或應用它們來說明各種自然現象。所謂說明也只是把一個特殊現象和自然規律相符之處指出來，或發現各種自然結果產生時的規律性（uniformity）。人們如果注意哲學家如何妄圖解釋各種現象的例證，他們都可以看到這一點。在31節，我們已經指出，最高主宰所遵守的這些有規則的、經常的工作方法，實在有其偉大的、顯著的效用。在這裡我們也一樣可以看到，各部分的特殊體積、形狀、運動和配置，雖非產生任何結果所必需，不過要按照固定的、機械的自然規律產生一個結果，則它們仍是必需。我們不能否認主宰尋常事物的上帝或神明，在有意實現神蹟時，可以使鐘錶盤上發生一切運動，儘管沒人製造鐘錶零件並放入鐘錶中。可是祂如果想使行動符合自己所定的那些零件規律，基於其上，祂在創造中建立且維持明智的目的，則鐘錶匠的這些行動是必要的：先讓鐘錶運動起來，並調整好它的零件，然後才能產生時針指時的運動。同樣地，鐘錶匠的動作一亂，我們就會跟著看到鐘錶的零件也發生相應的紛亂。這些零件如果再加以調整，則鐘錶又走得準確起來。

63在有些情形下，造物主誠然必須顯示其超越的能力，造出一些反乎尋常的現象。這一類反乎一般法則的例外之事，最可以使人畏懼，不敢不承認神聖的存在。不過這一類例外事故畢竟不尋常，否則它們便不足使人驚懼了，上帝似乎不願意以反常且驚人之事，使人相信祂的存在；祂似乎只願以自然的作品，使我們的理性相信祂的品德屬性，在各種作品中表現出的和諧巧妙，也明顯指示出造物主的仁慈和智慧。

64 爲了更加明白地闡述這一點，我會說在60節所舉的責難，只不過是這樣的：「各種觀念不是隨便任意產生的，它們有一種秩序和聯繫，正如原因與結果有連結一樣：它們是各種有規則的、精妙的組合體，而且那些組合體是在有規則且巧妙的方式下造成的，正和自然手裡的一些工具一樣，雖隱在布景的後面，卻可以憑其祕密的作用，產出世界舞臺上所見的表象。不過那些組合體自身，卻只有獨具慧眼的哲學家才能辨識。不過，一個觀念既然不能成爲另一個觀念的原因，那種連結有什麼意義呢？那些工具既然只是人心中一些沒力量的知覺，而且也不足以產出自然的結果，那麼我們就該問，何必造它們出來呢？上帝爲什麼使我們精密地觀察了祂的作品，看到那麼多觀念，都按照規則精巧地連結在一起呢？我們不能設想祂會把一切藝術和規則白白耗費了（如果我們可以這樣說）而毫無目的」。

65 我的答覆是這樣的。首先，觀念間的連結並不表示因和果的關係，它只表示一個標記和其所表示的事物之間的關係。我所看見的火，並不是我在走近它時感到疼痛的原因，它只是警告我，火是能引起疼痛的一種標記。同樣的，我所聽到的聲音，也不是周圍物體運動或衝擊所產生的結果，而是有關的一個符號。其次，各種觀念之所以形成機器，所以形成人造的、有規則的組合體，也正同字母之結合爲文字似的。因爲想要使少數原始的觀念來表示許多結果和作用，它們就必須有各種組合方式；而想要使它們的作用恆久而普遍，這些組合體還必須按照規則和明智的設計做出來才是。藉著這種方法，我們就得到種種知識，知道某些行動會預示某些結果，並且可以知道想要激起某些觀念，我們應該採用什麼方法。我們說在看到了各種物體無論是自然或人爲的內部形狀、組織和結構以後，就能知道依靠於它們的各種作用和性質，或知道那個事物的性質；這便是我們清晰地理解到的意思，也就是說，我們能知道某些行動會產生某些結果。

66 由此顯然可見，我們所認爲原因的那些事物，所認爲能產生結果的那些事物，雖然完全不可理解，雖然使我們陷於極大的荒謬，可是我們如果把它們只當作是知識的標記或符號，它們仍可自然地得到解釋，且是獨具顯著功用的。自然哲學家的正當任務，正是在於研究和了解（造物主〔the Author of Nature〕所做的那些標記）；而不在於以有形體的原因來解釋各種事物，後者似乎已經使人心在很大程度上離棄了主動原理（Active Principle），離棄了我們在其中「生活、運動、擁有、存有的」那個至高的、智慧的精神。

67 第十二，人們或者又會反駁說，由前面所說的看來，我們雖然知道心外並沒有無活力、無感覺、有廣延、有硬度、有形狀而被動的實體，如哲學所說的物質那樣；但是一個人如果把廣延、形狀、硬度、運動等積極觀念，排除於其物質觀念以外，並且以爲這個名詞只是指一種無活力、無感覺的實體，它可以在心外不被知覺而存在，且是我們觀念的緣由，或者說上帝藉著它的存在，在我們心中刺激起各種觀念，那麼，我們以這種意義了解物質，物質仍然可能存在。不過我可以答覆說，首先，要假設有「無偶性的實體」（a substance without accidents），正和要假設有「無實體的偶性」（an accident without substance）一樣荒謬。其次，我們縱然承認這個不可知的實體可能存在，但是我們能假設它在什麼地方存在呢？我們已經同意它不存在於心中，可是我們同樣確實知道它是不在任何地方存在；因爲一切地方或廣延，我們已經證明只在心中存在罷了。因此，它存在於任何地方。

68 現在我們可以稍微想一想，人們在這裡如何敘述所謂物質。據他們說，物質是從不能行動、不能知覺，也不被知覺的實體，這就是說，物質是一個無活力、無感覺而又不可知的實體。這個定義是完全由消極條件形成的，僅有相對的想法，也只不過說它是有支撐的作用罷了。不過我們必須說物質完全不支撐什麼東西；而且我請人們注意，這種敘述是如何近似對「非實有」（nonentity）的敘述。你或者說，物質是一種未知的緣由（unknown occasion），在它出現時，上帝可以任意在我們心中激起各種觀念。不過一種東西如果不爲感覺和反省所知覺，如果也不能在心中產生任何觀念，如果也沒有廣延，沒有形狀，並且不存在於任何地方，則它又如何能在我們面前出現呢?所謂出現（to be present）一詞，若照這樣解釋起來，則它的意義一定是抽象的、奇特的，那就不是我所能了解的。

69 我們還可以考察，所謂緣由究竟是什麼意義。據普通的用語來看，這個名詞或指能產生任何結果的一種主動者，或指在事物常軌中，被觀察爲伴隨結果或先於結果而來的一種東西。但是如果把它應用在上述的那種物質上，我們便不能以這兩種意義來了解它。因爲既然說物質是被動的、無活力的，那麼，它便不能成爲主動者或眞正的原因。而且物質又是我們知覺不到的，沒有一切可感性質的，因此，它也不能在後一種意義下，成爲我們知覺的緣由——如說「手被燒」，是其所引起疼痛的緣由那樣。那麼稱物質爲緣由，究竟有什麼意義呢？因此，你所用的這個名詞要不是全無意義的，就是它的意義與通俗的含義背道而馳。

70 你或者會說，我們雖看不到物質，可是它仍會被上帝所知覺，因此，在上帝看來，它仍是使我們心中發生觀念的緣由。因爲你說，我們的感覺是在有規則和恆常的方式中，烙印於我們心中的，因此，我們就有理由假設，它們在產生時，要有一些恆常和有規則的緣由。這就是說，有一些常駐的、清晰的、不可分割的物質，與我們的觀念相對應。這些物質雖然因爲自己是完全被動的、不可知覺的，因而不在我們心中激起那些觀念，並且不以任何方式直接影響我們，可是它們仍可以被上帝所知覺，仍可以當作許多緣由，提醒祂在什麼時候用什麼觀念烙印在我們心中，因而可使各種事物以恆常規律的方式進行。

71 要答覆這一點，我可以說，就這裡所說的物質理念（the notion of Matter）而言，我們的問題已經不是離了精神和觀念，離了能知和被知以外，是否還有一種東西存在。我們的問題乃是在上帝心中，是否有我們所不知曉的一些觀念，可以當作標記和符號，指導祂在我們心中以恆常有規律的方式產生各種感覺。那就是說，上帝是否如一個音樂家似的，可以被音符所指導，產生一長串和諧的音符，即所謂音調——雖然聽音樂的人看不見那些音符，且完全可以不知道它們。不過這種物質的想法，眞是過於荒誕，不值一駁。此外，這個想法實際上也不能反駁我們所說的，我們本來就說沒有無感覺且不被知覺的實體。

72 我們各種知覺的有條不紊，很可以表現出上帝的仁慈，不過這並不能證明物質的存在。我們如果順從理性之光（the light of reason），我們就可以根據我們各種感覺恆常規律的方法推知，把各種感覺在我們心中激發起來的那個精神的仁慈和智慧。不過在我看來，我們所得的結論也只限於此。一個全知、全善、全能的精神存在，就已經可以充分地解釋自然中的一切現象。不過說到那種無活力、無知覺的物質，則我所知覺到的任何東西，都和它沒有任何聯繫。或者能使我們想到它。我很願意看到有人能用物質來解釋自然中最平凡的現象，或者把他之所以主張物質存在的任何稍微可能的理由提出來，或者使那個假設有任何說得通的意義。說到它之所以爲緣由，我想我們已經明白指出它不是緣由；因此，它如果是緣由，則它只是上帝激發我們心中各種觀念的緣由；而且這種說法究竟達到什麼地步，我們方才已經看到了。

73 我們可以稍微想一下，人們之所以要假設有物質實體（material substance）存在，究竟是什麼動機？在我們看到那些動機或理由逐漸消滅之後，我們也可以漸次收回根據那些理由而來的贊同。因此，首先，人們曾想，顏色、形狀、運動和其他可感覺的性質或偶性，眞正都在心外存在。因爲這種緣故，所以就似乎必須要假設一種不能思想的基質或實體，作爲它們存在之所在，因爲他們想，這些性質是不能獨立存在的。其次，隨著時間的推移，人們雖然漸漸相信顏色、聲音和其他可感覺的次性不在心外存在，因而他們就剝奪了這個基質或物質實體的那些性質，而將初性，如形狀、運動等留下，而認爲它們存在於心外，需要物質的支撐。但是我們既然指出，就是這些性質也不能在知覺它們的精神或心之外而存在，因此，我們再也沒有任何理由來假設物質的存在，不但如此，只要我們把物質一詞認爲是指支撐各種偶性的、一種不能思想的基質，並且以爲那些性質是在人心之外、物質之中存在，則所謂物質之爲物根本不能存在。

74 唯物論者雖然自己也承認他們之所以想到物質，只是想要拿它來支撐各種偶性，這個理由現在既然完全不存在了，則我們正可以期望人心會自然而不勉強地、拋棄單單在那種理由之上建立的信仰。不過這種偏見已經在人們的思想中根深柢固了，因此，我們就不知怎樣才能脫離它，因而當事物本身不能成立時，我們也愛把其名稱保留下來。因爲這種緣故，我們就把「物質」一詞應用在莫名其妙的一種抽象的、不定的存有理念（indefinite notions of being）上，或緣由想法上，實則我們所以如此是全無理由的，至少據我看來是這樣。因爲我們自己藉著感官或反省烙印於心中的一切觀念、感覺和理念，根本看不到有什麼東西可以使我們斷言，有一種無活力、無思想、不被知覺的緣由存在。而且在全能全智的精神方面，我們還有什麼證據可以相信甚或猜想，上帝在我們心中激起觀念時，是受到無活力的緣由所指導呢？

75 這個愚蠢、無思想的、莫須有（somewhtat）的東西，竟然遮蔽了人心，使它看不見上帝的意旨，並且使它遠離了日常的事故，可是人心居然對這種東西戀戀不捨，違反理性的一切證據來相信它。這一點很可以證明偏見的勢力之強，而也是非常可悲的。但是我們雖然竭盡能力來保障物質的信仰，雖然在理性背棄我們時，我們仍努力根據事物單純的可能性來辯護自己的意見，雖然我們不受理性的約束，盡所有之能事，來推求那種可憐的可能性；可是鬧了半天，結果只是上帝心中有一些不可知覺的觀念存在。因爲其所謂緣由，就上帝而言，意義也就盡於此了。不過到了最後這就不是爭執事物本身，而是名稱的爭執了。

76 因此上帝心中究竟有無那一類觀念，它們是否可以叫做物質，那是我不想辯論的。但是你如果堅持一個不能思想的實體，或支撐廣延、運動和其他可感覺性質的支托，那在我看來，一明二白是不可能有這種東西的。因爲要說那些性質可以存在於一種不能知覺的實體中，或爲它所支撐，那是一個明顯的矛盾。

77 不過你或者又會說，我們縱然承認所知覺的廣延和其他性質或偶性沒有無思想的支撐；但是或者有別的一些性質是我們所不能了解的，正如盲人之不能了解顏色似的——因爲我們缺乏適用於它們的感官，因此，那些別的性質也或者有一種無活力、無知覺的實體或基質。但是我們如果有一個新感官，則我們或者不會懷疑它們的存在，正如盲人能視以後，不會懷疑光線和顏色的存在那樣。不過我可以答覆說，首先，你如果以爲物質一詞只是未知性質的未知支撐，那麼那種東西存在不存在都沒有關係，因爲那與我們不相干。我們既不知道它是什麼，又不知道它是爲了什麼，那麼徒勞爭辯有何益處呢？

78 但是其次，我們還可以說，縱然我們有一種新感官，它也只能供給我們以一些新觀念或新感覺。因此，我們仍然可以不承認它們存在於一種不能知覺的實體之內，而我們所根據的理由，正如我們前面在形狀、運動、顏色等舉出的那樣。所謂各種性質，如前所說，只是一些感覺或觀念，它們只能存在於知覺它們的心中。這種說法，不但可以應用於我們現在所熟悉的觀念，而且也可應用於一切可能有的觀念。

79 你或者又會堅持說，我縱然沒有證據來相信物質的存在，縱然不能指示出它有任何功用，縱然不能用它來解釋任何事情，縱然不能設想它有什麼意義，但是我們仍可以說物質是存在的，而且這種物質仍是「一個一般的實體，或各個觀念的緣由」。雖然揭示這些文字的意義，或給它們以任何特殊的解釋很不容易，可是我這種說法也沒有什麼矛盾。不過我可以答覆說，各種文字應用起來，如果可以沒有意義，那我們就可以任意堆砌它們，而不致陷入矛盾的危險。因此，你就可以說，二乘二等於七，因爲你可以說，你不取那個命題中所用文字的通常意義，而只把它們當作你所不知事物的標記。根據同樣理由，你也可以說有一種無偶然性、無思想的惰性實體，是我們觀念的緣由。可是如果這樣，這兩種命題就都不是我們所能了解的了。

80 最後，你或者還會說，我們如果拋棄物質實體的主張，而只說物質是一種不可知的東西（unknown Somewhat），既不是實體，也不是偶性，既不是精神，也不是觀念，只是無活力、無思想、不可分、不能動、無廣延而不存在於任何地方的一種東西——我們如果這樣說，還不行嗎？因爲你既然說，我們對於實體、緣由和任何積極的或相對的物質想法，所有的說法都靠不住，那麼我們就只好堅持物質的這種消極定義了。不過我也可以答覆說，如果你覺得合適，你就可以照別人用虛無（nothing）一詞的意義，應用於物質一詞，並把物質和虛無兩個名詞互相調換。因爲在我看來，這就是那個定義的結果。我在專心考察這個定義的各部分以後，或通體考察，或分別考察，我並不曾發現在自己心上所產生的結果或印象，有異於虛無一詞在我心上所激起的印象。

81 你或者又會答覆說，在前述的定義中，已經含有本質（quiddity）、實有（entity）或存在（existence）的積極、抽象觀念，因此，這就足以使它和虛無充分區別開來。我也切實承認，人們如果自誇有能力來構成抽象的、一般的觀念，則他們談起來也好像眞有那樣一個觀念似的，據說那個觀念是一個最抽象、最一般的理念（general notion of all），而在我看來，乃是一切觀念中最不可解的。我自然沒有理由否認，有許多精神等級不同，才智各異，而且他們的官能在數目、範圍上，也遠超過於造物主所給我的那些官能。因此，如果以我自己少數狹窄的知覺通路，來決定最高主宰的無限能力，認爲可以在它們之上烙印一些什麼觀念，那確是愚昧不過、狂妄不過的。因爲我們正可以承認，可能有無數種觀念或感覺，其互相差異的程度，或與我所知覺的觀念互相差異的程度，正如顏色和聲音之大不相同類似。不過說到那些可能存在的無數精神和觀念，我雖然可以直接承認自己理解的缺乏，可是一個人如果妄說離了精神和觀念，離了知覺和被知覺，還有一個實體或存在的理念，那在我看來完全是荒謬的，而且只是玩弄文字罷了。下面我們可以考察一下，在宗教方面，有什麼反對我們的話。

82 有些人或者以爲，關於物體眞實存在，他們的論證本是由理性得來的。不過我們縱然不承認那些論證達到什麼地步，可是《聖經》在這方面是言之鑿鑿的，已經很可以使任何善良的基督徒相信，物體是眞正存在的，並不只是一些觀念。因爲在《聖經》中所敘述的無數事實，已經分明假設木、石、山、河、城市、人體等都是實在的。不過我可以答覆說，任何著述，不論它們是神聖或是世俗的，只要它們所用的那些文字是指通俗意義而言，或者稍有一點意義，它們的眞理不會爲我們的學說所動搖。我們已經指出，按照我們的原理來說，各種事物、各種物體，甚至有形的實體，若照通俗意義解釋，都可以眞正存在；而且我們在前面也已經清晰地說明事物和觀念、實在和幻想的區別。不過我想，哲學家所說的物質或心外對象的存在，《聖經》中沒有任何地方提到。

83 不論有無外界事物，人們依然公認文字的固有功用，正在於標記我們的概念（conceptions），或我們所認識、所知覺的那些事物。因此我們分明看到，在我們所規定的那些基本原理中，並沒有任何東西和語言的正確功用與意義不一致，而且任何可理解的理論，也並不因此稍有變動。不過根據前面所說的話來看，這一點似乎是很明顯的，因此，我們大可不必多事論證。

84 不過，你或者又會說，按照我們的原理，所謂神蹟至少失掉其大部分的重要性和意義。我們該如何設想摩西的手杖（Moses’rod）呢？（見《創世紀》，四章二節）它眞是變成蛇呢？還是旁觀者的心中只有觀念的變化呢？我們能說，救世主在加諾（Cano）的婚宴上（見《約翰福音》，二章一節），只是在眾賓的視覺、嗅覺和味覺上，創造了酒的表相（appearance）或觀念嗎？關於一切別的神蹟，我們都可以如此說，按照我們的原理說來，它們都只是一些欺騙或想像中的幻覺。不過我可以答覆說，那手杖仍是變成了實在的蛇，那水仍是變成了實在的酒。這和我們在別處所說的話並無絲毫矛盾，你只要參閱34和35兩節，就可以明白。不過所謂「實在的」和「想像的」（real and imaginary）的區分，我們已經很明白地解釋過，也已經一再提示過，而且關於它的一些困難，也很容易根據前面的話語來答覆。因此，我們如果在這裡再重新解釋一下，那就太藐視讀者的理解能力了。我只說，在座的人如果都看到、嗅到、嘗到並且喝到所謂的酒，感到酒的效力，則我並不懷疑酒的實在性。因此，追根究柢，關於實在的神蹟，按照我們的原理，是毫無疑義的，只有按照傳統的原理，才有可疑之處。因此人們的懷疑，與其說是反對我們所說的，毋寧說是贊成我們所說的。

85 前面我已經力求明白地把別人的責難敘述出來，並且盡力給予它們所有的威力和重量。現在我既然把它們都一一反駁了，那麼我們就可以進而觀察，我們的論點有何種結果。有些結果一看可見，因爲根據我們的學說，人們一向所反覆考量的那些晦澀的難題，完全被逐於哲學之外了。人們一向愛問有形的實體是否能思想？物質是否可以無限分割？它是如何作用於精神上？這一類的研究實使古往今來的哲學家們大開其心，但是這些研究既然都依靠於物質的存在，那麼，按照我們的原理來說，它們便不能成立了。此外，我們的學說在宗教和科學方面，還有許多利益，任何人根據前面所說的，都可以推出這一點。不過，在下文我們會較明顯地看到這一點。

86 由前面所建立的原理，就得出一個結論說，人類的知識可以自然分爲兩類，一是觀念方面的知識，一是精神方面的知識。這兩種知識，我將按次加以討論。首先說到第一種觀念或不思想的事物，則我們在這方面的知識是很含混、很紛亂的，因爲我們假設感官對象有雙重存在——一爲可理解的或是在心中的，一爲實在的或是在心外的，所以我們更陷於危險的錯誤中。因爲有這種假設，所以，我們便以爲不能思想的事物就有一種不被精神所知覺的獨立的自然存在。這個意見，如果我沒有弄錯的話，我已經指出是最無根據，而且是最荒謬的意見，它正是懷疑主義的根源。因爲人們如果相信有實在的事物存在於心外，並且以爲自己的知識只有在符合於實在的事物時，才是眞實的，那他們當然不能確知自己有任何實在的知識，因爲我們如何能知道我們所知覺的事物，和那些未曾知覺到的事物是相符的呢？或是和存在於心外的那些事物相符呢？

87 我們如果把顏色、形狀、運動、廣延等，只認爲是心中的一些感覺，則它們是完全爲人所知的，其中並沒有任何事物是不被知覺到的。但是我們如果把它們認爲是符號或影像，是與心外存在的事物或原型（things or archetypes）相參照的，我們就陷於懷疑主義中了。照這樣，則我們所見的，只是事物的表相，而非其實在的性質。因此，任何事物的廣延、形狀或運動，究竟有何種絕對的眞相或在其自身，那就不是我們所能知道的，而我們所能知道的，就限於它們和我們感官所有的對照（proportion）或關係了。照這樣，則事物本身是不變的，所變的只有我們的觀念，而且我們眞不知那些觀念或任何觀念，是心外眞實事物中眞正性質的，那是超出我們能決定的範圍之外的。照這樣，我們所見、所聽、所覺的，或者都會成爲幻象和空想（phantom and vain chimera），而完全不符合自然法則中所存在的那些實在事物（*rerum nature*）。這種懷疑主義之興起，只是由於我們假設，在事物和觀念之間有一種差異；只是由於我們假設，事物可以在心外不被知覺而存在。我們本來很容易論證這個題目，並且指出古今懷疑主義者所提供的論證，只是依靠於外物的假設之上。

88 只要我們以不能思想的事物，離開知覺而有眞實的存在，則我們不但不可能有證據地知道任何實在的、不思想的事物本性；而且我們甚至於連它是存在的也無法知道。因此，我們就常見有些哲學家懷疑自己的感官，懷疑天和地的存在，懷疑他們所見或所觸的一切，甚至於懷疑他們自己的身體。因此，在他們思想拉扯之後，甚至不得不承認，我們對於可感覺事物的存在，畢竟不能得到任何自明的或能證明出的知識。但是我們如果使自己所說的話語稍有意義，並且不要以一些無所謂的名稱，如「絕對」、「外界」、「存在」等尋開心，那麼這種迷惑人心、紛亂人心的懷疑，這種使哲學在世人眼前蒙受譏笑的懷疑，一定會煙消雲散了。我如果能懷疑自己憑感官眞實知覺到的那些事物的存在，則我也一樣可以懷疑自己的存在。要說我們憑視覺或觸覺所直接知覺的任何可感覺對象，同時在自然中卻不存在，是一個明顯的矛盾。因爲一種不能思想的事物的存在，正在於其被知覺。

89 要想建立一個堅實的、健全的、實在的知識系統，並且以此系統作爲證明，來抵抗懷疑主義攻擊最重要的步驟，似乎應該是在一開始時，就清晰地解釋一下「事物」（thing）、「實在」（reality）和「存在」三個名稱的意義。因爲我們如果不能確定那些文字的意義，則我們雖然爭辯事物的實在存在，雖然自以爲能對此得到任何知識，那也是白費的。所謂事物或實在，乃是一種最一般的名稱，它含有全然不同的兩種異質的東西，而且那兩種東西，除了名稱之外，沒有別的共同點，這兩種東西就是精神和觀念。精神是主動的、不可分的實體；觀念是無活力的、迅速變幻的、有依賴性的東西，而且它們不能獨立自存，必須以人心或精神實體的支撐而存在於其中。我們之所以能了解自己的存在，乃是憑藉於內在的感受或反省，我們之所以能知道別的精神存在，乃是憑藉於理性。不過我們雖然可以說對心靈、對精神、對主動存有一些知識或理念，可是在嚴格的意義下，我們並不能對它們有任何觀念。同樣地，我們對於事物或觀念間的關係，也有一種認識或理念，可是那些關係和在關係中的觀念或事物並不一樣，因爲我們只知覺到各種觀念，而並不能知覺到它們的關係。在我看來，觀念、精神和關係在其各自的範圍中，正是人類知識的對象和談論的題材；我們不應當把觀念一詞的含義不適當地擴大，指稱我們所認識或對之有理念的每件事物。

90 外界的事物或者是由別的心靈所烙印的，或是被別的心靈所知覺的：烙印感官的各種事物，都是實在的，或者說是眞實存在的；這一點是我們所不否認的。不過我們卻不承認：它們能在知覺它們的心以外存在；它們是心外存在的任何原型的仿本；因爲感覺或觀念的本質就在於被知覺；而且一個觀念只能和一個觀念相似，並不能和別的東西相似。再者，感官所知覺的各種事物，若就其起源論，也可以說爲外界的，因爲它們不是由內在心靈所產生的，乃是出於異乎能知覺它們的那個心的另一種精神。此外，可感覺的對象之所以說是存在於心外，還有另一種意義，就是說，它們是存在於另一個心中的。因此，在我閉了眼以後，我以前所見的那些東西或許仍是存在的，不過它們卻存在於另一個心中。

91 若以爲我們這裡所說的話，有絲毫損及事物實在性的地方，那實在是一種誤解。按照公認的原理來說，廣延、運動以及一切可感覺的性質，都需要一個支撐，因爲它們是不能自存的。不過人們又承認感官所知覺的那些對象只是那些性質的集合體，因此，它們也是不能獨立自存的，這都是人們所承認的。因此，我們如果否認，感官所知覺的各種事物，離了它們在其中存在的實體或支持還可以存在，並不曾有損於一般人對它們實在性所懷的意見，我們也並不曾以此犯了標新立異的罪過。所不同的只是：按照我們的觀點，感官所知覺的不能思想的事物，並不異於被知覺的存在，因此除了那些行動、思考和知覺它們未擴展、不可分的實體或精神之外，不能存在於任何別的實體中。至於通俗的哲學家則主張這些可感覺的性質，存在於一種無活力、有廣延、無知覺的實體中；他們叫這種實體爲物質，並且認爲它在一切能思想的心之外，有一種自然獨立的存在，而且以爲它是異於被任何心，甚或被造物主永恆的心（the Eternal Mind of the Creator）所知覺的那回事。他們只承認，有形實體的觀念，是造物主心中所創造的——如果他們也竟然承認那些觀念是被創造的話。

92 我們已經指出，物質或有形實體的學說，是懷疑主義的主要的支柱；同樣地，我們也可以說無神論反宗教的一切瀆神的體系，也是建立在這個基礎上的。不但如此，人們要想像物質可以由無中產生，實在困難，即使古代最著名的哲學家，甚至那些主張上帝存在者，也以爲物質不是創造出來的，而是和上帝同時存在的。物質實體從來就是無神論者的莫逆之交，這一點無須論證。他們所有一切妖妄的體系，都分明地、必然地依靠於物質實體。一旦我們把這塊基石移掉，則全部結構只有垮臺。因爲這種緣故，我們就無需單獨來考察無神論者各個可鄙教派中的種種荒謬主張了。

93 有些不虔誠和傾向於世俗思想的人們，易於贊成那些譏笑非物質實體的哲學體系，並且假設靈魂也如身體一樣可以分割、易於腐蝕，它們認爲事物的形成，完全無所謂自由、智慧和計畫，它們只認爲獨立自存的、無知的、無思想的實體是一切事物根源。主張此說的人們都不承認有上帝，都不承認有超越一切的心靈，能監視世界上一切事物，他們只以爲一連串事情都是由盲目的偶然而來，或由命運定的必然性（fatal necessity）而來，皆出於物體之間互相衝撞。不敬上帝和褻瀆神明的人們愛聽這些理論，因爲這些理論正迎合他們的心情，這也是很自然的。不過在另一方面，主張正確原理的人們，雖然原來看到這些宗教敵人過分著重這種不能思想的物質，且用盡心思力氣把一切事物都歸於物質；可是他們現在也終究看到這些敵人已失掉其有力的支柱，放棄唯一的堡壘，因此，他們應該歡喜無量了。因爲離開了這個堡壘，你們這些伊比鳩魯（Epicurus）、霍布斯（Hobbes）等信徒便無依靠，只有成爲世界上最無價值、最易得的勝利品了。

94 物質的存在或不被知覺的物體的存在，不但是無神論者和宿命論者（Fatalists）的主要根據，且各式各樣的偶像崇拜者也是依靠這個原理的。人們如果知道日、月、星辰以及感官的其他對象，都只是人心中的一些感覺，除了被知覺以外，沒有別的存在，那麼他們一定不會跪在地上來禮拜他們自己的觀念。他們也許只會瞻禮那個產出和維持萬有的、永久而不可見的精神。

95 同樣荒謬的原理，和我們信仰原理混合以後，對於基督教徒已造成了不小的困難。我們不是看見蘇西尼主義者（Socinians）①以及其他教派，對復活和其他問題，提出了許多疑難和反駁嗎？不過他們那些最堂皇的責難不是建立在物質實體的假設上嗎？他們不是假設，物體的同一性不在於形狀，不在於感官所知覺的，而在於形式改變而實質不變的物質實體嗎？關於物質實體，人們對它的同一性發生了不少的辯論——不過我們如把所謂物質實體去掉，並且以爲物體一詞只含有每一個普通人所指的意義，即以爲它是直接所見所觸的，以爲它只是一些可感覺性質或觀念的集合體，則他們最難答覆的責難也就根本不能成立了。

---

① 「蘇西尼主義」係義大利人李立歐・蘇西尼（Lelio Sozzini）和其侄子法斯多・蘇西尼（Fausto Sozzini）的學說。他們認爲耶穌不是上帝，而是一個神聖的預言家，而且所謂聖體也並沒有超自然的性質。這個主義闡述在一六〇五年出版的《拉寇教理問答》（*Racovian Catechism*）一書中。——譯者注

96 物質一被放逐於自然界以外，它就把許多懷疑不虔誠的想法以及無數迷惑人的爭論和問題消滅盡淨。在神學和哲學方面，這些只是一些荊棘，它們令人徒勞無功。因此，我們那些反駁物質的論證，縱然尚不成爲證明——在我看來確實是證明了，可是我相信凡與知識、和平和宗教爲友的人們，一定有理由盼望那些論證成爲證明。

97 除了人們所主張的知覺對象在外界存在以外，在完善的知識方面，還有一種最大的錯誤和困難的來源，那就是所謂抽象觀念的學說了（如〈緒論〉中所言）。世上那些最明顯的事物，和我們最熟悉、最知曉的那些事物，抽象地看起來，乃是特別困難、特別不可解的。所謂空間、時間和運動，若看作特殊的、具體的，則它們是人人所知道的；不過它們若是一經過形上學家之手，便太抽象、太微妙，不是具有常識的人所能理解的了。你如果吩咐僕人，讓他在某時某地和你相會，他會不遲疑地考究那些名詞的意義；他在設想那個特殊的時間、地點和他到那裡的運動時，並不感到一點困難。但是你如果取消了能劃分一日的那些特殊動作或觀念，以爲時間只是抽象的連續存在（the continuation of existence）或綿延（duration），甚至對於一個哲學家而言，或許也是難以了解的。

98 在我看來，時間的成立是由於在我心中有連續不斷的觀念，以同一速度流動，且一切事物都和這一串時間有關。因此，任何時候如果我想離開那一串觀念來構成一個簡單的時間觀念，則我總會迷惑起來，陷入不可逃脫的困難之中。我對它全無任何理念，我只是聽人說它可無限分割，而且他們的說法，使我對於自己的存在，不得不產生一些奇特的想法。因爲那個學說要不是使人絕對必然地想到自己過了無數的年代，卻無一點思想；就是使自己一生中每時每刻都在被消滅；這兩種說法同樣都是荒謬的。實在來說，離了心中觀念的前後相承，時間是不能存在的，因此，任何有限精神的存在時期，應該以那個精神（或心）中前滅後生的那些觀念或行動的數量來估定。因此，明顯的結論就是：靈魂永遠在思想。事實上，任何人如果想在自己的思想中把精神的存在和其認知（cognition）分離開來，我相信他一定會發現那不是一件容易做到的事。

99 同樣地，我如果拋開一切其他性質，專門考察廣延和運動自身，則我也會立刻看不到它們，並且會陷於很荒謬的見解。因此就有了種種古怪的奇論：如說火不熱、牆不白等，或者說熱和顏色都不在對象中，只有形狀和運動。這些說法都依靠於雙重抽象作用。首先，人們假設廣延可以脫離一切其他可感覺的性質；其次，他們以爲廣延的存在可以脫離其被知覺。但是人們只要肯想一想，只要肯來理解自己所說的話，則他會承認——如果我沒弄錯的話，一切可感覺的性質都是感覺，都是實在的；而且他會承認，廣延所在之處，也就是顏色所在之處，即是在他的心中；而且他會承認，那些性質的原型，只能在別的心中存在；最後，他還會承認，感官對象也只是由那些感覺組合（combined）混合（blended）、聚結而成（concreted together）（如果我們可以這樣說），而且這些性質沒有一個能被假設爲不被知覺而存在的。

100 離了一切特殊的快樂，要使一個人幸福或成爲幸福的人，離了一切的善事，要想一個人還能成爲善人，那眞是少有人能夠做到。要照這樣說，一個人雖沒有確定的正義觀念或道德觀念，也一樣可以成爲正直的、有道德的。人們既然以爲那些文字只表示一些一般的理念，是離開一切特殊的人和行動的，那麼這個意見似乎已經使道德學難以理解，並且使道德學的研究對人無大用處了。事實上，抽象觀念的學說，實在有損於許多有用的知識。

101 自然哲學和數學是思辨科學中的兩大部分，它們所研究的是由感官得來的各種觀念及其關係。現在關於這兩種學問，我要稍微一抒己見。首先我要考察所謂自然哲學。懷疑主義者在這個題目上，一向是占上風的。他們之所以貶抑我們的官能，所以說人類是無知的、低下的，這一大套論證的主要根據，不外乎是說，關於各種事物的眞實本性，我們是茫然無知的。他們總愛誇大這一點，並且在這方面大鼓其如簧之舌。他們說，我們是可憐地受了感官的阻礙，我們只能以事物的外在顯現自娛。即使最平凡的對象，我們也難看到它的實在本質、內在性質和結構。在每一滴水中、每一粒沙中，都有一點東西不是人的理解所能忖度、所能了解的。不過據前面所指出的看來，這一類怨嘆都是全無根據的；而我們所以懷疑自己的感官，所以以爲自己一概不知完全了解的那些事物，只是受了虛僞原理影響所造成的結果。

102 此外，我們之所以說自己不能知道事物的本性，最大的一個原因，就是現在人們都以爲每個事物都在自身，含有其一切性質的原因；或者說在每個對象中，都有一種內在的本質，它的一切可感覺性質都是以此爲根源而流出的，都是依靠於此。有些人曾經妄以神祕的性質（occult qualities）來解釋各種現象，不過近代人們卻多半把這些現象歸於動力因，即歸於不可知覺的粒子的形狀、運動、重量和其他類似的性質。不過事實上，除了精神，並沒有別的行動者（agent）或動力因，因爲我們知道，運動和別的一切觀念，都是完全無活動的（參閱25節）。因此，人們想要以形狀、運動和體積來解釋顏色和聲音的產生，都是白費力氣的。因此，我們常見這一類的企圖根本不能令人滿意。人們可將這種觀念或性質，作爲那種觀念之原因的那些例子，一般說來都是這樣。不必多說，我相信我們如果採用我這個學說，我們就會廢除許多假說和猜測，並且使自然的研究大爲簡便起來。

103 現在通行的最大機械原理，就是所謂引力作用（attraction）。有些人認爲石頭落地、海潮向月漲潮，皆可以此說充分解釋。但是人們雖然告訴我們這是由引力作用促成的，可是我們能由此得到任何啟發嗎？這個名詞是表示趨向的方式嗎？它是說這種現象是藉互相吸引、而不是藉互相推動或撞擊發生的嗎？不過這裡的方式或行動（我們眞的不知道），它固然可以叫做吸引，可是也一樣可以叫做推動（impulse）或撞擊（protrusion）。又如鋼的各部分是緊密團結在一起的，人們也拿吸引作用來解釋它；不過在這方面也和在其他例證中一樣，它除了指出結果本身之外，並不指示任何事情。因爲說到產生它的那種行動方式或原因，人們連想也不曾想到。

104 我們如果觀察某些現象，並加以比較，則我們會看到它們有一些相似、相符的地方。就如石頭落地、海潮向月，以及凝聚作用（cohesion）和結晶作用（crystallization）中，都有一些相似的情節，那就是說，各種物體都是互相凝聚、互相接近的。因此，一個人如果精密地觀察過、比較過自然的結果，則這些現象在他看來並不奇怪、並不驚人。因爲不尋常的事物、單獨的事物，以及反乎尋常觀察的各種事物，才被人認爲是奇特的。因此，人們便不以爲各種物體受向地心吸引是奇特的，因爲那些事物是我們時時所見到的。不過要說它們也有趨向月心的一種吸引力，那在許多人看來，就似乎奇特而難以解釋了，因爲那只是在潮汐時才能觀察得到。不過一個哲學家卻能想到自然中較廣的範圍，而能在天上和地上都看到一些相似的現象，而且那些現象正可以證明有無數的物體都有互相接近的趨向（tendency），他給這種趨向定了一個一般的名稱，稱它爲吸引力，且任何事物只要化約爲吸引力，他就以爲得到了正確的解釋。因此，他就拿地球向月的吸引力來解釋潮汐，而且他看這種現象並不奇怪、並不反常，只認爲它是普遍的自然法則或規律的一個特殊例證。

105 因此，我們如果就人類對於現象的知識，分辨自然哲學家和別的人們所有的差異，我們就會看到他們的差異，並不在於自然哲學者較精確地知道現象的動力因——因爲只有精神意志（the will of a spirit）才是動力因，而在於自然哲學者的理解較廣，可以發現自然作品中類似（analogies）、和諧（harmonies）與一致（agreements），並且可以解釋各種特殊的結果，那就是說，把它們還原於普遍的法則（general rules）（參閱26節）。這些法則之成立，是由於我們見到各種自然結果產生時，有一種類似性（analogy）和規律性（uniformness），它們使人快意，並樂意加以追求。因爲它們可以擴大我們的眼界，使我們超過眼前切近的事物，關於在很遠的時間、地點可能已經發生的事情，做很可靠的推想，並把它們預測出來，這種趨向全知的企圖，是人心所時時努力的。

106 不過在這一類事情上，我們應該謹慎從事才好，因爲我們往往過於著重各種類似關係，並且迎合我們的急性，把我們的部分知識擴展成普遍的公理（general theorems）；那實在有損於眞理。就如互相吸引作用，因爲出現在許多個例中，所以便一直被認爲它是普遍的；且吸引他物的作用力和被他物吸引的作用力，乃是一切物體內在的一種重要性質。不過各種恆星之間；似乎並沒有這種互相趨向的樣子；並且吸引作用力不但不是一切物體的本質所在，而且在一些個例下，似乎還有十分相反的另一條原理出現，就如植物之向上生長和空氣之可以膨脹收縮便是。在這種情形下，並無所謂必然的和本質的；那只是完全依靠於主宰萬有精神意志。因爲只有祂可以看著方便行事，可以使一些物體按照各種法則凝聚在一起，或互相吸引又使一些物體互相遠隔；另一些物體予以互相躲避的一種完全相反的趨向。

107 由前面所論述的看來，我想我們可以得到下面的結論。首先，哲學家雖然於心或精神之外，另求一種自然的動力因，可是他們這種開心的玩意兒是白費的。其次，念及整個創造既是聰明良善行動者（a wise and good Agent）的結晶，那麼，哲學家似乎應當運用自己的思想，來研求事物的最終的原因（反乎一些人所主張的）。我承認我並沒有理由說，指出自然事物的終極目的，不是解釋它們的一種妥善方式，不值得哲學家來研究，因爲造物主原來正是用說不盡的智慧，照著那些目的進行設計的。其三，由前面的論述看來，我們沒有理由說自然史不是應該繼續研究的，各種實驗和觀察不是應該繼續做的。不過這些實驗和觀察之所以能有利於人類，之所以能使我們得到普遍的結論，並不是各種事物固定性質或關係的結果，乃是上帝在管理世界時，所本的仁慈心腸的結果（參閱30和31兩節）。其四，在精勤地觀察了我們所見的各種現象之後，我們可以發現普遍的自然規律，並且由此推演出別的現象。不過在這裡，我們只可以說是推演，而不能說是證明。因爲我們做所有這一類推演時，總是假設造物主的行動永遠是規律的，永遠遵守著我們以爲的原理爲法則，而這些不是我們不能明白知道的。

108 （第66節說自然穩定一致的方法，正合於造物主的語言風格，藉著祂發現祂的屬性，讓我們看見，並指示我們如何爲了便利和生活福祉而行動。）人們雖然根據現象得到一般的規則，隨後再根據那些規則推演出現象，可是他們所考究的似乎只是一些符號，而非所謂的原因。一個人縱然熟悉自然的符號，可是未必能知道它們的類似性，因而不能說出一種事物之所以如此，是根據哪一條規則。且正如我們過於拘泥於一般文法規則時，寫起文章來或者會不合體一樣，所以當我們根據一般的自然規則來辯論時，我們也不是不可能把類比推得太遠，並且由此陷於錯誤之中。

109 聰明人在讀別的書時，會使自己的思想著重在意義上，並且利用那種意義；他不必對那種語言的文法結構加以分析。因此，在批閱自然這部大作時，我們如果只是拘謹地把每一個特殊現象都還原於普遍原理，或者指出它是怎樣由那些原理來的，那就失掉心靈的尊嚴了。我們應該有較高尚的見解，例如：使它觀察到各種自然事物的美麗、秩序和豐富多彩；藉以安慰心靈、提高思想，並且藉著適當的推論，使我們對於「造物主」的莊嚴、智慧和仁慈，得到較豐富的理念；最後，還要在我們能力所及的範圍之內，使造物的各部分，合於它們原來的目的——即榮耀上帝，使我們自己以及同胞們能夠存在，能夠感到安適。

110 對於上述的類比關係或自然科學，人們都會承認牛頓那部著名的《力學》（*Treatise of Mechanics*）是一把鑰匙。在這部舉世推崇的大著開頭，作者就把時間、空間和運動三者分爲絕對的和相對的、眞的和表面的（true and apparent）、數學的和粗俗的（mathematical and vulgar）。按作者所詳細解釋的這點分別來看，他似乎假設：那些數量都存在心外，而且我們平時雖然把它們和可感覺的事物聯繫在一起，可是就其本性而論，它們和那些可感覺事物全然無關。

111 牛頓認爲時間是絕對的、抽象的，認爲是事物存在的綿延和持續（perseverance）。關於這一點，我在97和98兩節已經說過了，所以也就沒有再加以補充的必要。說到別的，則這位著名的作者又主張，有一個絕對的空間不爲感官所知覺的，其本身永遠是規律的、不動的。相對的空間乃是絕對空間的度量（measure），它是可動的，且由可感覺事物的位置所確定的，不過一般人卻誤認它是不動的空間。至於地點（place）則按他的定義，說是任何物體所占有的空間部分。至於地點之爲絕對或相對，則看空間之爲絕對或相對而定。所謂絕對的運動，就是指一物體之由一絕對地點至另一絕對地點的運動而言，正如相對運動是指由一相對地點至另一相對地點而言似的。不過絕對空間的各部分既是我們的感官所感覺不到的，那麼，我們就不得不用它們可感覺的尺度，依據一些我們所認爲不動的物體來決定地點和運動。不過他說，哲學上我們必須排斥感官，因爲那些似乎是靜止的物體，實際上也許沒有一個是如此，而且同一相對運動的，可能實際上是靜止的。因此，同一物體也許會按其地點的不同規定，同時有相對的靜止和運動，甚至同時有相反的相對運動。不過這一切分歧的意義，只可以在表面的運動中看到，至於在眞正的、絕對的運動中則看不到，因爲這種緣故，所以我們在哲學中只應考究絕對運動。至於眞實運動之所以與表面的或相對的運動有別，則憑下述性質。首先，眞正的或絕對的運動中，各部分在全體中的位置如果是不變的，則它們是跟著全體的運動而運動。其次，地點如果移動了，則在地點中的物體也要移動；因此，一個物體如果在運動的地點中運動，則它也必參與它那個地點的運動。其三，只有在物體本身受到壓力時，眞正的運動才能產生、才能變化。其四，在運動中的物體，如果受了壓力，則眞正的運動總是跟著變化的。其五，在單純相對的環形運動中，並沒有離心力，可是在眞正的、絕對的運動中，離心力是和運動量成比例的。②

② 牛頓《自然哲學的數學原理》，卷一，定義八下面有一段注文說：「能分辨絕對運動和相對運動的那些結果，就是由環形運動的中軸向四周倒退的那些力量，因爲在純相對的環形內並沒有那種力量。但是在眞正的絕對的環形運動中，這些力量的大小是跟著運動的數量改變的。我們如果用長繩把一個器皿拴起來，並且將那個器皿繼續轉動，一直使那條繩子緊緊的扭起來。然後我們再將水裝在這個器皿內，並且把那個器皿持得穩靜起來。此後，另一種力量的忽然動作，又使它照著相反的方向繞動，而且當繩子放鬆時，那個器皿也繼續這種運動。在剛運動時，水面是平的，正如那個器皿未運動時一樣，不過在此之後，那個器皿因爲逐漸把它的運動傳在水裡的緣故，就使水分明地攪動起來，逐漸離開了水的中心，而升到器皿的四周，成了一個凹形（這是我所實驗過的）。這種運動愈快，則水激起得愈高，因爲它和器皿同時旋轉之故，最後水在器皿中就變成了相對靜止的。水的上升表示它努力要從運動軸心往後退，水的眞正的絕對環形運動（它在這裡是和相對的運動恰好相反的）就被我們知

112 不過雖然如此說，我卻看不出有任何不是相對的運動。因此，我們想要來設想運動，至少我們應想到有兩個物體其間距離和位置是變化的。因此，如果只有一個物體存在，則它乾脆就不能運動。這似乎是很明顯的，因爲我所有的運動觀念，必然包含著關係。

113 在每一種運動中，我們雖然必須設想有兩個物體，可是運動的物體或者只有一個，那就是說，或者只有一個物體受了能引起距離變化的那種力，或者說那

道了，而且它可以被這種努力所度量。起初器皿中的水相對運動最大的時候，它並沒有產生從軸心倒退的努力，水並沒有表示出趨向於周圍的傾向，和向四周高升的樣子，它只是一個平面。因此，它眞正的環形運動仍是沒有開始的。不過在之後，水的相對運動遞減後，則它向四周的上升就證明它是努力遠離軸心的。這種努力表示出水的實在環形運動是不斷增加的，後來這種環形運動得到最大數量時，水就在器皿中相對地靜止下來。因此，這種努力並不依靠於水對四周物體的移動，而且眞正的環形運動也不能被這種移動所界說。任何旋轉的物體只有一種眞正的環形運動，這種運動只和一種努力遠離其運動的軸心力量相應，這種離心力乃是這種運動的固有結果。至於一個物體的相對運動，則按它和周圍物體的各種關係成爲無數的，而且它們正和別的關係一樣，並沒有任何眞正的結果，除非它們參加了那種唯一的眞正運動。」——譯者注

種力只對一個物體才起作用。有些人給相對運動下定義說，一個物體只要改變了與別的物體之間的距離，可以說它是被動的，不論引起那種變化的力量或行動，對它是否產生了作用。不過相對運動既是感官所知覺的一種運動，而且是日常生活中所能見到的，那麼，凡有常識的人，似乎都應該和最好的哲學家一樣知道它。那麼我就可以問任何一個人，在此運動意義之下，他在行經街道時，他所走過的那些石頭，是否可以因爲它們和他的腳的距離已經改變了，就說是運動的呢？在我看來，運動一詞雖然包含著此物與彼物的關係，可是卻不必因此說關係中的每一項都因之運動。正如一個人可以思想不能自己思想的東西，同樣一個物體也可以向著或背著另一個物體運動，而那另一個物體並不因此就是運動的。

114 地點的定義如果改變了，則與地點相關的運動也就要跟著變化。一個人在船上，相對於船邊，可說是靜止的，可是相對於陸地，又可說是運動的。或就一方面說，它東向運動，就另一面說它是西向運動。在日常事態中，人們在給任何一個物體的地點下定義時，往往以地球爲限。因此，一個物體如果就地球方面說是靜止的，人們就認爲它是絕對靜止的。不過哲學家既然有較廣的思路，而且對於事物的系統有較正確的想法，因此，他們又發現了地球本身也是被動的。因此，爲確定他們的想法起見，他們似乎以爲有形的世界是有限的，並且以爲世界最靠邊的圍牆或外殼，就是他們計算眞正運動時所依據的標準地點。我們如果考慮一下我們自己的想法，我想就會看到：我們所能構成觀念的任何絕對運動，實質上只是在此種意義下所確定的相對運動。因爲我們前面已經說過，絕對運動離開一切外在關係是不可想像的。在我認爲上面提到給予絕對運動的那些性質、原因和結果，對於這種相對運動來說，如果我沒有弄錯的話，是沒有什麼不同的。至於說到牛頓關於離心力的話，就是說它完全不屬於相對的環形運動；則他雖然拿實驗來證明這一點，在我看來，他這個結論並不能由那個實驗得來。（可參閱牛頓的《自然哲學的數學原理》〔*Philosophiaie Naturalis Principia Mathematica*〕定義八之注）。因爲水盂中的水，在他來說有最大的、相對的環形運動時，在我看來，根本完全不曾運動，這一點，由前一節就可以看到。

115 因爲要稱一個物體是被推動的，首先，它必須改變對於別的物體的位置或距離，其次，必須施予引起那種變化的力量或行動。這兩個條件如果缺少一個，我們要說一個物體在運動，就反乎人的常識，而且不合於語言的常規。我誠然承認，我們在看見一個物體和別的物體距離改變了以後，雖沒有力施於它，它也可以說是被推動的（在這種意義下，可能是表面的運動）；不過我們之所以如此說，只是因爲我們想像能引起那種變化的力，施加於或烙印於我們所認爲運動的那個物體之上的。不過，這只能顯示出我們會把不曾運動的物體，誤認爲是運動的；其實那根本沒運動。而發生眞正的運動，我必須承認那是我所想像不到的。

116 由前面所說的看來，運動的哲學含義並不含有絕對的空間，即是說並沒有離開感官知覺而和各種物體絕緣的所謂絕對空間。在人心以外，並無所謂絕對空間這一點，根據我們前面證明感官的其他對象時所用的原理，就可以看得明白。在嚴密地考察之後，我們或者會看到，我們甚至不能構成一個離開一切物體的純粹空間（pure space）觀念。在我看來似乎是不可能的，因爲它是一個最抽象的觀念。在我使身體的任何部分發生運動時，如果那種運動是自由的，沒有遇到阻力時，我說那裡是空間，但是我如果遇到阻力，我則說那裡有物體。按照運動所遇的阻力或大或小，我們可以說空間是較爲純粹的，或較不純粹。因此，在我說純粹空間時，人們不要以爲空間一詞表示著一個異於物體和運動、離開它們還能想像的觀念。我們往往以爲每個名詞都表示著一個獨立的觀念，以爲它和別的觀念都可以絕緣；這實在是許多錯誤的原因。因此，如果我假設除了我的身體以外，在一切都消滅了以後，我說還有一個純粹空間；我的意思也只是說，我身體的各肢體可以在各方面移動，而毫無一點阻力。不過我的身體如果也消滅了，則無所謂運動，也就無所謂空間。有人或者以爲視覺可以供給他們純粹空間的觀念。不過從我在別處所說的話看來，我們知道空間和距離的觀念，都不是由那個感官而來的（參閱《視覺新論》）。

117 學者們關於純粹空間的本質，雖然一向有許多爭辯和困難，可是我們這裡所立的原理，似乎可以使它們都消除了，我們的學說的主要優點，在於我們由此避免了一種很危險的難題。一般人在思考這個題目時，往往想像自己陷於進退兩難的地步，要麼不認爲眞實的空間就是上帝（Real Space is God），要麼就認爲在上帝之外，還有一種永久的、自存的、無限的、不可分的、不可變的東西。這兩種想法實在都應當認爲是有害的、荒謬的。曾經有不少知名的神學家和哲學家，因爲自己難於設想空間的極限和消滅，因此，他們便斷言空間是神聖的。近來有些人還特地指出上帝特有的屬性，正是和空間相符。這一類學說，無論它們看起來多麼不符合神聖的本性，但是我們如果仍然固執傳統的意見，是無法把它清除的。

118 至此，我們已經討論了自然哲學。現在我們可來考究另一支重大思辨知識——數學。各種數學知識所有的演證清晰性和確定性，在別的地方是不易找到的，它們當然是十分著名的。不過，如果它們的原理中隱伏著祕密的錯誤，而且那種錯誤是數學大家和其餘人所共有的，則數學也不能是完全免於錯誤的。數學家的定理雖是從極其明顯的基本命題中推演出來的，可是其第一原理卻被數量的考慮所限制了。他們並不曾進一步來考察那些能影響一切特殊科學的超越公理（transcendental maxims），因此，那些公理如果一有錯誤，則各種科學便也跟著錯誤，數學也不能例外。我們並不否認數學家所建立的原理是眞實的，而且他們由這些原理所做出的演繹是明白的、無可辯駁的。不過我們可以說，可能有些錯誤的基本原理，範圍要比數學的對象爲大。因爲這種緣故，所以在數學的全部進程中，人們只默然地假設了它們，卻不曾明白地表示出來。不過那些祕密的、未經考察的錯誤，實在是滿布了各門數學的。說得明白一點，就是我們正猜想數學家也和別人一樣，也是主張有抽象的普通觀念的那個學說，也是主張心外有物體存在的，因而也就陷於由這兩種學說所產生的錯誤中了。

119 人們一向以爲數學的對象就是抽象的數字觀念。他們以爲要理解這些觀念的各種性質和互相關係，正是思辨知識中的重要部分。那些思想極盡精微高明的哲學家，以爲抽象數字有一種純粹的、智慧的本性，因此，他們就很敬重那些數字。他們因爲有這種意見，所以他們認爲在數學方面最無意義的思辨，也是有價值的，實際上那些思辨原是無用，只不過使人開心罷了。有些人因爲受了這種意見的壞影響，因此他們竟然夢想在數字中有極大的神祕（mysteries），而且他們竟還企圖以數字來解釋自然事物。但是我們如果研究自己的思想，並且考慮前面所論述的，則我們或者會鄙視那些玄虛抽象，或者認爲關於數字的一切研討，只是一些難懂的玩意兒（*difficiles nugæ*），因爲它們不適用於實作，也不會對生活提供什麼好處。

120 在第13節中我們已經考察過抽象的單一體，由那裡以及在〈緒論〉中所說的來看，分明可以斷言，並沒有那樣一個觀念。數字既是單一體的集合體，因此我們可以斷言，如果無所謂抽象的單一體，則數字的名稱和數目（numeral names and figures），就不能標記抽象的數字觀念。因此，算術理論如果脫離了一切名稱和數目、如果脫離了一切效用和實作、如果脫離了具有數字的一切特殊事物，則那些理論便不能再假設有自己的對象。由此可見，數字的科學完全受實作所支配，它如果只被看作是一種空洞的思辨，它就成了無意義的玩意兒。

121 不過有的人以爲自己發現了抽象的眞理，並且炫惑於這種堂皇的景況，把自己的時光都消耗在全無實用的數學定理和問題上，因此，我們不妨更充分地來考察、揭露他們這種妄圖的毫不濟事。我們如果觀察數學初生之時期，是什麼原因曾使人研究那種科學，以及人們在何種範圍內應用那科學，則立即可見數學家的妄圖毫不濟事。我們自然容易想到人們爲了記憶方便、幫助計算起見，會應用一些砝碼，或在記錄計算時，應用一些單一的筆畫、點等，使它們各自表示一個單位，即使用它們表示自己所要計算的任何東西。後來，他們又找到一些較簡便的方法，又用一個字來代替數畫或數點。最後，印度或阿拉伯的記數法又通行起來；他們只重複少數的字或號碼，並且按照各號碼的位置，把它的意義改變了，便把各種數目表示出來。這種方法正似乎是由模仿語言而來的。因此我們就看到，號碼和名詞的記數法確實是相似的。前面標記數目名稱和位置的那九個簡單號碼，正和後面九個數字的名稱相稱。此外，人們還按照號碼簡單的和位置的雙重價值，根據各部分數目的號碼或標記，想辦法知道何種號碼如何安置，就可以表示全體的數目，如加法和乘法。同樣也可以根據全體數目的號碼，想辦法知道何種號碼如何安置，就可以表示部分的數目，如減法和除法。在找尋出所求的號碼以後，人們如果能前後一貫地遵守著同一規則，他們就會把那種號碼讀成語詞，因此，就可以完全知道那個數。因爲我們說自己知道任何一些特殊事物的數目，正是因爲我們知道代表它們的——以它們的適當位置，（按照一定規則）排列成序的名稱或號碼。我們知道這些記號之後，就可以藉由數學運算，知道它們所標記的特殊總量中任何部分的記號。因此，我們只計算號碼，就可以正確地總結、分割、分配我們所要計算的各種事物自身（因爲在各種記號和一大堆個別事物單位——每一事物是一單位之間，已經確立了一種聯繫）。

122 因此，在算學中，我們只管記號而不管事物本身；不過我們之所以注意這些記號，卻不是爲了它們自身，乃是因爲它們指導我們如何就各種事物行動，如何正確地對待它們。人們在這裡恰好也以爲數學的名稱或記號，只表示著抽象觀念，並不在我們心中提示出特殊事物的觀念，這種意見正和我們在前面（〈緒論〉19節）總論文字時所提到的那個意見一樣。在目前，我並不想更詳細地考察這個課題；我只說由前述看來，被人認爲是有關數字的那些抽象眞理或定理，究其實際，它們所研究的對象不外乎離不開能列數之特殊事物的那些名詞和符號；

不過人們之所以要考察它們，只是因爲它們是一些符號，只是因爲它們能表示人們所要計算的任何特殊事物。因此就可以斷言，我們如果爲符號而研究符號，那就不聰明了，而且無意義，那正如一個人忽略了語言的眞正功用或原始意義，而只是費上許多時間，無禮地批評各種詞句，或純粹是字面上的各種推論和爭論。

123 已評論過數字，我們可進而再評論廣延。相對的廣延，就是幾何學的對象。說到有限廣延的無限可分割性，在幾何學的基礎中，人們雖然未曾把這條原理明白確定下來，當作公理或定理使用，可是在全部幾何學中，人們始終都假設了這種原理，並且以爲它和幾何中的原理及證明，有一種不可分離的、本質的聯繫，因此數學家們都絲毫不曾懷疑它，把它當作問題。人們因爲有這個想法，所以在幾何學上就發生了許多開心的怪論，而這些怪論和人類的普通常識顯然相反。只要人心還未曾被學識引到邪路上，則它就不甘心接受它們。這個想法還不只是這些怪論的來源，而且它還提出了許多精微而極端的機巧，使數學的研究倍感困難而可厭。因此我們如果能使人知道，沒有有限的廣延包含著無數的部分，是可以無限分割的，則我們立刻會使幾何學免除一向被人們認爲觸犯人類理性的許多困難和矛盾，並且會使人在學幾何時，少費時間和辛苦。

124 可以作爲思想對象的每個特殊有限的廣延，只是在人心中存在著的一個觀念，因此它的每一部分都是可以被人知覺到的。因此，如果我在考察的有限廣延中，見不到無數的部分，則它們確實是不包含在其中的。不過顯而易見，在我的感官所知覺的或心中所造作的任何特殊的線、面、體中，我並不能分辨出無數的部分，因此我斷言，那些部分並不包含在它們裡面。我們看到的廣延，很明顯是我自己心中的觀念，而且我也同樣分明，不能把任何觀念分化成無數個別的觀念，也就是說，它們不是可以無限分割的。如果人們說有限的廣延並不是有限的觀念，則我聲明我眞不知道它是什麼東西，因此我也不能說它有某種性質，或沒有某種性質。但是廣延、部分等名詞如果稍有任何可想像的意義，也就是說如果就是觀念，那麼我們如果說有限的廣延或數量可以包含著無數的部分，那就是一種極其明顯的矛盾，使任何人一看之後，馬上就可以斷定它是矛盾的。任何有理性的人都不會同意這個說法；只有它在慢慢積非成是以後，才可以相信它，但是那只不過如歸化了的異教徒，相信聖餐變體學說（transubstantiation）罷了。年久根深的成見，往往被人認爲是原理；各種命題只要一度被認爲是原理，只要它們有了原理的所有力量和權威，人們便不只以爲它們可以免於一切的驗證，且以爲凡由它們所推得的結論，都可以不受驗證。照這樣來說，則任何荒謬的意見，人心都可以輕易相信了。

125 人的理解如果爲抽象的一般觀念說所盤踞，則他可以相信，不論感官觀念是怎麼樣的，抽象的廣延一定可以無限分割。其次，一個人如果以爲感官對象存在於心外，他也許會因此相信即使一吋長的線，也實際存在著無數的部分，只是它們太小不易分辨罷了。這一類錯誤在幾何學者和別的人心中，都一樣根深柢固，而且在他們的推論中，都一樣有影響。在這裡我們原本不難指出，幾何中用以證明廣延無限可分割性的那些論證，爲何都是由這一類錯誤而來。不過我們現在只將一般地考察數學家爲什麼要堅持、喜愛這個學說。

126 在別處我們已經講過，幾何學的公理和證明是論證普遍觀念的（參閱〈緒論〉15節）。在那裡我已經解釋過，我們應該在何種意義下來理解這種說法，就是說圖解中所含的那些特殊的線和形狀，人們以爲它們表示著無數大小不同的線和形狀。換句話說，幾何學家認爲它們可以和其體量分離。不過這並不是說，他構成了一個抽象觀念；只不過是說他並不注意它們的體量，無論大小，只看待與演證無關罷了。因此在圖解中，一英寸長的線，說起來也得當它是包含著一萬個部分，因爲人們看它不是看它本身，而是把它當作普遍的；不過只就它的意義來了解它是普遍的，就是它能代表比自身大的無數的線，因爲這種緣故，它縱然不及一英寸長，我們也可以在其中分辨出一萬個或更多的部分。照這個方式，被代表的各條線的性質便（藉一個很平常的形狀）轉移到代表它的符號上；因此，人們就誤認代表符號本身也有那種性質。

127 由於一條線可以包含數不勝數的部分，因此一吋長的線就可以說包含著超過任何確定數量的部分。不過這種說法並不是指一條絕對的一吋長的線，只是指一吋長的線所標示（signified）之物。不過人們在思想中，並不曾常常記著這種區分，因此，他們便逕直相信，紙上所畫的那條特殊的短線，其本身就包含著無數的部分。所謂一吋的萬分之一並無其物，不過一哩或地球直徑的萬分之一，卻仍可以爲一吋所指稱。因此，我如果在紙上畫一個三角形，並且以不足一吋長的一邊爲半徑，則我可以把它看作是分爲一萬個或十萬個部分。因爲那條線的萬分之一，其本身雖然並不存在，而且我們把它忽略了，也不致發生錯誤或不利，不過所畫的這些線，既是表示較大分量的一些標記，而且那些分量中的萬分之一，也許就是很重要的，因此，在實際上爲了避免重大錯誤起見，我們一定要把那個半徑認爲是含著一萬個部分或較多部分的。

128 由前所說，我們看到要使幾何定理在應用上成爲普遍的，爲什麼我們必須權且說紙上所畫的線，含著它實際所不含的那些部分。但是對於這種說法，我們如果澈底考察一下，則我們或者會看到，我們並不能設想一吋本身會含著一千個部分，或可分爲一千份。我們只能設想有比一吋還大的別的線，可以分爲一千份，而被一吋長的線所表象。因此，當我們說一條線是可以無限分割的時候，則我們的意思一定是說它是無限大的。我們這裡所說的，似乎就是人們以爲在幾何學中，必須假設有限廣延的、無限可分割性的主要原因。

129 這個虛妄的原理既然造成許多謬論和矛盾，因此，人們會以爲這就把它證明得不能成立了。但是我不知道人們憑什麼邏輯卻主張說，我們並不能用後驗的證明，來反駁關於「無限」的各種命題。他們好像以爲無限的心靈是不可調和各種矛盾的。他們又好像以爲任何荒謬而矛盾的事物，都和眞理有必然關聯，或是由眞理而得來的。但不論是誰，只要一考察這種妄詞之脆弱無力，就會看到人們故意造作這種妄詞，只是用來慰藉自己心靈的怠惰罷了。因爲他們似乎只願意安心於怠惰的懷疑主義，卻不願意費盡辛苦嚴格地考察自己所認爲眞實的那些原理。

130 近來人們關於無限性的思辨風行一時，發展成奇特的想法，以致當代幾何學者在這方面，產生了不少猜想和爭辯。有些著名人士不只主張有限的線可以分成無數部分，而且更進一步主張說那些分割後的微分，各自又可以分割成無數別部分（或分爲第二級的微分），如是直至無窮無盡。這些人宣稱，微分的微分，又可分爲微分，永遠是無止境的。因此，按他們說來，一吋中不只包含著無數的部分，而且含有無數部分的無數部分的無數部分，如是直至無窮無盡。不過別的人卻主張，在第一等級以下的各級微分，便等於無物；他們以爲，這是很合理的，要想像任何積極的數量或廣延部分，在無限重複以後，卻不能等於最小可見的廣延，那是很荒謬的。但是在另一方面，我們如果以爲正數根的自乘、三乘方或其他乘方會等於虛無，那也是一樣荒謬的；不過人們既然主張有第一等級的無限微分，則他們雖否認後來各等級的微分，他們也不得不主張，任何正數的自乘、三乘方或其他乘方會等於無。

131 既然如此，那麼我們不是可以結論說他們兩派都錯了？我們不是可以說，事實上並沒有無限小的部分，任何有限的數量都不能包括無數部分？不過你會說這個學說如果是正確的話，則幾何學的基礎會被拆掉了，而且那些大人物雖把那個科學提到那樣驚人的高度，實則只是建立了一套空中樓閣。但是我們可以答覆說，按照我們的學說來講，幾何學中有用的地方、有益人生的地方，仍是一樣穩固不可動搖。我們若就實際著想，那個科學只能從我們的說法得到利益，絕不會蒙受不利。不過想要使人明白這一點，那應當另立專題來研究。至於在別的方面，我們雖然承認思辨數學（Speculative Mathematics）中錯綜微妙的部分，可因此剪裁掉，這可是無損於眞理，也無害於人類。相反地，這不但是無害的，而且我們正希望天賦高、用力勤的人們，還可以不注意那些有趣的玩意兒，只用思想來研究那些貼近人生的事物，那些能直接影響行爲的事物。

132 人們或者又會說，數學中有些無疑爲眞的定理，我們在發現它們時，在所用的方法中，是應用微積分學說的，因此，那些微分的存在如果含著矛盾，則我們便不會把那些定理發現出來。不過我可以答覆說，在澈底考察之後，我們將會看到，在任何例證中，我們都不會發現必須應用或設想有限線段的極微部分，甚至於不必應用或設想小於最小視覺點的任何數量。不但如此，而且人們顯然就不曾如此做過，因爲那根本是不可能的。

133 我們的學說縱然只是一個假設，我們也該因其良好的結果加以重視。從前可知，有很多重要的錯誤，是由我們在前幾部分所駁倒的那些虛妄原理而來的。同時，我們又看到，反對那些錯誤教條的各種原理，又是極其富有效果的，因爲這些原理正可以產生出有益於哲學和宗教的無數結果。具體說來，我們已經指出物質或有形對象的絕對存在，正是一切知識，不論是世俗的或神聖的，公然而有害的大敵所盤踞的堡壘、所憑藉的營寨。的確，如果把不能思想之物的實在存在和其被知覺一事分開，並且承認它們是精神心靈以外的一種實體，那麼自然中的任何事物都無法得到解釋，反之許多不能解決的困難由此而起；若物質的假設是純粹任意的，根本沒有理由來做它的基礎。它的各種結果也禁不起自由考察的光明，只能以黑暗的、一般的口實，說有不可了解的無限來掩蓋自己。若我們把這個物質除去，並沒有什麼壞的結果，世上並不需要它，而且離開了它，我們也一樣可以設想各種事物，或者更容易設想各種事物。若我們假設只有精神和觀念，此外再無別的，則懷疑主義者、無神論者便都會永遠閉口無言，而且這個事物體系，也完全符合於理性和宗教。那麼，我想，我們可以期望我所提出的學說，縱然只是一個假設，而且我們縱然承認物質能夠存在——這一點，我想我們已經證明出它不是如此，人們也應該承認我的學說，並且堅決地信仰它。

134 眞的是如此，根據我們前面的原理說來，人們所認爲學術重要部門的那些爭論和思辨，都被我們認爲是無用的，而加以排斥了。但是人們如果已經習慣於那一類的研究，並且在其中有了很大的進步，則他們會對我們的想法產生很大的誤會。但是我希望人們不要因爲我這裡所建立的原理，節省了研究的辛苦，並且使人類的科學比以前更爲明白、簡潔、容易成功，就以這些正可作爲正當的理由，來厭惡我的原理。

135 有關所有觀念的知識，我想說的話也都說了。其次，按照我們所擬定的步驟，我們就該來討論精神。在這方面，人類的知識或者不如一般人所想像的那樣有缺陷。人們之所以認爲我們不知道精神的本性，最大的理由就是我們對精神沒有任何觀念。不過人的理解雖不能知覺到精神的觀念，可是我們並不能認爲這是它的一個缺點，如果事實上明顯然就沒有任何這種觀念。這一點我想我在27節中，已經證明出來了。不過我還可以補充說，精神既是不能思想的事物，或觀念在其中存在唯一的支柱和實體，那麼，要說這個能知覺、能支撐各種觀念的實體，本身也是一個觀念或類似一個觀念，那就顯然很荒謬了。

136 人們或者會說，我們因爲缺少一個特殊的感官，如有人所想像的，所以我們不能知道實體。假如我們有那個感官，我們或者能知道我們的靈魂，正如知道一個三角形似的。不過我仍可以答覆說，假如上天賦予我們一種新的感官，我們也只能由此接收到某種新的感覺，或感官觀念。不過我想沒人會說，他所謂靈魂和實體二詞，只是指一些特殊的觀念或感覺而言。因此我們可以推論說，在適當地考察了各種事理以後，我們正不能因爲自己的各種官能不能供給我們精神的觀念，或主動能思的實體觀念，就說它們是有缺點的，正如我們不能因爲它們不能設想圓的正方形，就抱怨它們一般。

137 人們因爲主張精神可以如觀念或感覺似的，爲人所認識，因此，他們對於靈魂的本性，便發生了許多荒謬的異端邪說，並且產生了重大懷疑主義。不但如此，這個意見還使人有些懷疑，離開了自己的身體，是否還有任何靈魂，因爲在一考察之後，他們看不到自己有那樣一個觀念。不過一個觀念既不是主動的，而且它的存在只在於其被知覺，那麼，人們要說它能成爲自存動因（an agent subsisting by itself）的仿本，則我們也無須乎用別的理由來反駁他們，我們只要根據那些文字的意義來反駁他們就夠了。不過你或者又會說，一個觀念在思想、行動或自存方面，雖然不能和精神相似，可是它在別的方面，仍然可以相似，而且一個觀念或影像，也不必在一切方面都與其原型相似。

138 我可以答覆說，觀念如果不能在這幾方面表象（represent）精神，則它也不能在其他方面來表象它。如果把能意志、能思想和能知覺觀念的能力去掉，則更沒有別的東西可以使觀念和精神相似。因爲我們所謂精神，只是指能思想、能意欲、能知覺的一種東西。這一點，而且也只有這一點，才構成了那個名詞的意義。因此，那些能力如果不能絲毫爲一個觀念所表象，顯然我們就沒有精神的觀念。

139 不過人們又會反駁說，靈魂、精神和實體三個名詞如果不表示任何觀念，那它們就完全不重要和無意義了。我可以答覆說，那些文字實在也指著一種實在的事物，可是那種事物既非觀念，也不與觀念相似，它乃是能知覺觀念、能意志、能對觀念進行推論的〔力量〕。什麼是我「自己」（myself）？「我」（I）之一詞所表示的，正和靈魂或精神的實體意義一樣。人們或者會說，我們這只是爭辯一個名詞，而且人們既然都承認別的名稱的直接意義都叫做觀念，那麼我們便沒有理由，說精神或靈魂一詞所指稱的東西，不能如此稱呼。我可以答覆說，人心的一切不思想的對象，都一樣是完全被動的，而且它們的存在只在於被知覺。至於靈魂或精神，則是一個主動的東西，它的存在並不在於被知覺，乃在於能知覺觀念，以及能思想。因此，爲了防止意義雙關起見，爲了避免把本性完全不同的事物混淆起見，我們應當把精神和觀念加以區別才是（參閱27節）。

140 以較廣的意義而言，我們可以說對精神有一個觀念，或者不如說有一個理念；那就是說，我們也知道那個名詞的意義，否則我們便不能說它有無某種性質。此外，我們既然藉自己的觀念來設想別的精神觀念，而且以爲我們的觀念就是他們觀念的仿本，那麼我們也可藉自己的靈魂來認識別的精神。在這種意義下，我們的靈魂就是別的精神的仿本或觀念；它和別的精神的關係，正和我所知覺的藍和熱，和別人所知覺的那些觀念的關係是一樣的。

141 人們不要以爲主張靈魂自然不滅的那些人，同時也主張靈魂是絕對不能消滅的，甚至於不能爲原來創造它的造物主的無限權力所消滅。他們並不如此主張，他們只是說靈魂是不能爲普通的自然規律或運動規律所打破、所毀滅的。人們如果主張靈魂只是一種稀薄的、有生氣的火焰（a thin vital flame），或是動物精神（animal spirit）的一種體系，那他們就使靈魂和身體一樣易於消滅、易於解體。因爲這種東西是最容易消散不過的，在它所住的那個軀殼消滅以後，它自然不能繼續活著。最墮落的人們最愛信服這個想法，把它作爲最有效的解毒劑，用以消滅一切道德和宗教的印象（impressions）。不過前面我們已經證明，各種物體不論組織（frame or texture）如何，都只是人心中一些被動的觀念，而且人心與這些觀念的距離和差異，較光明與黑暗尤爲顯著。我們已經指出，靈魂是不可分的、無形體的、無廣延的，因此也是不能毀滅的。我們分明看到自然物體時時所發生的運動、變化、敗壞、解體——這些作用就是自然的進程（the course of nature），不能絲毫影響主動的、簡單的、非混合的實體。因此這個實體並不能以自然的力量來分解，那就是說，人的靈魂是自然不滅的。

142 由前前述，我想已經可以分明看到靈魂之被人認識，和無知覺、不主動的物體之所以被人所認識，其方式不是相同的，那就是說，它是不能被人藉由觀念認識。精神和觀念是完全不同的兩種東西，因此我們如果要說「它們存在，它們被人知道」等的話，則人們不要以爲這些話就表示這兩種東西有相同的成分，它們完全沒有相似和共同之處。要希望我們的官能加多、擴大以後，我們就可以認識精神，如同認識三角形似的，那是很荒謬的，那正如我們說可以看到一個聲音似的。我所以一再強調這一點，乃是因爲我覺得這樣，就可以在靈魂的本性方面，弄清楚一些重要的問題，並且防止一些很危險的錯誤。

我們雖然可以說，自己對主動的實體和行動，有一個「理念」，但是嚴格來說，我想我們對它們並沒有一個觀念。我之所以說我對自己的心和它在觀念方面的行動有幾分知識或理念，也只以我所知的這些文字的意義爲限。我能知道的事物，我對它自然要有某種理念。不過世人如果願意把觀念和理念兩個名詞互相調用，我也不會說不可以。不過我們必須以不同的名稱來分辨很不同的事物，那才能有明白而妥當的表示。此外，我們還應當說各種關係中，如果含有心靈的作用，則照正確說法，我們便不能對它們有任何觀念，我們只可以說對那些事物之間的關係有一種理念。但是如果照現代人的做法，把觀念一詞擴及精神、關係和行動，那麼只不過是一個口頭的爭論罷了。

143 我們還可以附帶說，研究精神事物的那些科學，會特別的複雜而晦澀，抽象觀念的學說，實在是致誤的最大原因。人們想像自己可以對心靈的能力量和作用（power and acts of the mind）構成抽象的觀念，而且以爲它們不只可以獨立於與其相關的對象和結果之外，而且也可以獨立於心靈或精神以外。因此，在哲學和道德學中，人們便造了許多曖昧而含混的名詞，以爲它們是表示抽象概念的。因爲這種緣故，所以學者間便發生了無限的紛亂和爭辯。

144 不過在心靈本性和作用方面，促使人們產生許多爭執和辯論的最大原因，似乎就是在於他們習慣以由可感覺觀念借來的名詞來談論那些事物。就如人們說意志是靈魂的運動，因此人們就會相信，人心就如正在運動的球似的，它可以被感官的對象所推動、所決定，正如球之被球拍所決定一樣。因此，就發生了許多可以危及道德的猜疑和錯誤。不過哲學家如果肯平心靜氣來想，並且注意觀察自己的意思，則這類錯誤是可以避免的，而且我們會看到眞理是明顯、規律且獨立自存的。

145 由前述可見，我們之所以能知道別的精神的存在，只是憑藉於它們的作用，或他們在我們心中所刺激起的觀念。我感知到有些觀念有各種運動、變化和結合，那就使我知道，還有一些別的特殊動因，如我自己似的，伴隨那些觀念，產生那些觀念。因此，我對於別的精神所有的知識不是直接的，並不如我對於自己觀念所有的知識那樣。那種知識之所以成立，只是因爲有一些觀念做媒介，因爲我認爲那些觀念只是一些結果或附帶的符號，而認爲它們來自異乎我的動力因或者精神。

146 不過有些東西雖然使我們相信，它們是由人類產生出來的，可是人人都可以看到，而名之爲自然作品的那些事物，就是我們所知覺的觀念和感覺的最大部分，都不是因人的意志所產生的，也不依靠於它。因此，必須有別的精神才能把它們產生出來，因爲要說它們能自存，那是矛盾的（參閱29節）。但是我們如果仔細考察自然事物的恆常秩序、規律和連貫，考察其中較大物體驚人的宏壯、美麗和完善，考察較小物體的精巧構造，考察全部結構的精確調和及一致，考察那些妙不可言的苦痛和快樂的法則，考察各種動物的本能、或自然傾向、嗜欲和情感——我們如果考察這些，並且仔細注意「唯一的」、「永久的」、「全知的」、「全善的」、「完美的」諸般品德的含義和重要性，就分明可見這些品德只能屬於前面所說的精神，「祂在一切中行一切」（"who works all in all"），「一切事物都是依靠於祂而存在的」（"by whom all things consist"）。

147 由此，顯然可見上帝正如別的異乎我們的那些心靈或精神似的，確定且立即爲我們所認識。不只如此，我們還可以進一步說，上帝的存在要比人的存在更被人知覺得明顯萬分；因爲自然的作用，比起人爲的多無數倍、重要無數倍。凡能指示有人的任何符號，或凡能表示人所產生結果的任何東西，都更能指示出精神的存在，更能指示出造物主的存在。因爲顯而易見，在影響別人時，人的意志沒有別的作用，只有使自己的肢體運動起來，可是這個運動之所以能在別人心中激起任何觀念，那全憑藉於造物主的意志。只有祂可以「憑自己權力的言辭，來支持萬物」（"upholding all things by the word of His power"），只有祂可以使各個精神互相交通，使它們互相能察看出對方的存在。不過這個純潔的、明白的光亮，雖可以啟發一切人類，可是人類大部分又都是看不見它。

148 不過不喜歡思想的群眾卻有一個普遍的藉口，他們說：「我們看不到上帝。我們只要看到祂，一如我們看到人似的，那我們就會相信祂的存在，相信之後，就會服從祂的命令」。不過怪的是，我們一睜開眼就可以看到萬物的主宰，而且我們看祂比看任何一位同類的人還清楚、還明白。自然我並不曾想像我們可以直接立刻看見上帝，如同有些人所主張那樣，而且我也不曾想像我們看有形事物時，不看其自身，而是藉著看表現於上帝本質中的那些東西的。因爲，我不得不承認，這種說法是不可思議的。我可以把我的意思解釋一下。一個人的精神或人格，不是可以爲感官所看到，因爲它不是一個觀念。因此我們在看到一個人的顏色、大小、形狀和運動時，我們只是看到自己心中所產生的一些感覺或觀念。這些觀念既然形成個別的集合體，呈現於我們的視線，因此，它們就足以向我們標示出類似我們的有限的、被造的精神存在。因此顯而易見，所謂人如果是指能生活、能運動、能知覺、能思想的一種東西而言——如我們這樣，那我們是看不到人的。我們所見的只是那種觀念的集合體，即可以使我們想到有一個獨立思想和運動的原理，伴隨那個集合體，而且爲那個集合體所表示。我們看見上帝也以同樣的方式，所有的差異只是各種觀念有限的、狹窄的集合體，只標記一個特殊的人心，可是我們隨時隨地睜開眼睛，都可以看到神靈的標記（tokens of divinity），我們所見、所聞、所觸，或以其他方式所知覺的東西，都只是上帝權力的符號或影響。正如我們知覺到的那些特殊運動是爲人所產生的一樣。

149 因此，任何稍能反省的人都明顯可見，沒有比上帝或精神的存在，那樣親切地呈現於我們心中，在我們心中不斷創造出各式各樣的觀念或感覺，持續地影響我們，而我們是絕對完全地依靠祂，簡言之，「我們是在祂之內生活、運動和存在」（“in whom we live, and move, and having our being”）。這個偉大的眞理貼近人心，而且是顯而易見的，可是竟然只有少數人的理性發現它。這眞可以表示出人類的愚蠢和疏忽，到了怎樣淒慘的地步，因爲他們周圍雖然盡有神明（Deity）的明白表現，可是他們絲毫不受感動，好像因爲光線太強，反而把他們弄瞎了。

150 不過你又會說，在製造自然的事物時，「自然」完全不參與其中嗎？我們必須把它們都歸於上帝直接唯一的運動嗎？我可以答覆說，所謂自然，如果是指一系列可見的結果而言，或指依照確定的普遍規律烙印於人心的一系列感覺而言，那麼顯而易見，自然在這種意義下，是不能產生任何東西的。如果自然一詞是指異乎上帝、異乎自然規律，異乎感官所知覺的一些事物而言，那麼我必須承認這個名詞只是空洞的聲音，並未有任何可理解的意義。這種意義下的自然，只是一個無謂的幻想，只有不能正確理解上帝的普遍存在和無限完善的那些異教徒們，才帶來這個幻想。不過《聖經》上既然不斷地把異教哲學家歸於自然的那些結果，歸於上帝的直接之手，因此，基督教徒如果一面說自認信仰《聖經》，一面卻又信奉自然學說，那就更不可解了。《聖經》上說：「天主使蒸氣上升，使雷雨交作，又從寶庫中吹出風來。」（見〈耶利米〉〔Jeremiah〕，十章，十三節）又說：「祂使死的黑影變爲晨光，又使白晝黑如深夜。」（見〈阿摩司〉

〔Amos〕，五章，八節）又說：「祂降臨地上，用雨灑潤它；祂又祝福地上的泉水，使歲有豐收，牛羊遍野，五穀滿倉。」（〈詩篇〉，六十五）不過這雖是經文上的常言，可是我們總不知道爲什麼不願意相信，上帝如此關切我們的事。我們總願意假設祂離我們很遠，總願意用一種盲目的、不能思想的東西來代替祂，雖然「祂是和我們每個人都很親近的」（如果我們可以相信聖保羅〔St. Paul〕的話）。

151 人們一定又會答覆說，自然事物在產生時，是照遲緩的方法進行的，因此它們的原因似乎不是出於全能神靈的直接之手。妖怪、流產、風吹落的嫩果、下在沙漠中的雨水，和人生常遇的不幸事故，都足以證明自然的全部構造，不是全知全善的精神所直接促動和主持的。不過我在第62節所說的話，可以充分答覆這種責難。因爲要想依據最簡單、最一般的規則來進行，並且依照一種穩定的、一貫的方法來工作，上述的自然方法是絕對必需的；而且非如此不足以證明上帝的智慧和善意。自然的龐大機器，結構得很精巧，因此在它之中的各種運動和現象打動我們的感官時，我們這血肉之軀並不能看到促動全體的那隻神靈之手本身。先知說：「眞的，你是隱藏自身的一位上帝。」（〈以賽亞〉〔Isaiah〕，九十五章，十五節）不過沉醉懶惰的人，雖然因爲不肯稍微運思，以致上帝隱而不現，可是在能注意而無偏見的人心看來，一位全知的精神切近存在，是再明白不過而易見的，且祂是形成萬有、支配萬有、保守萬有的。由別處所說的看來，上帝必須要按照一般的、確定的法則來運作，才能在人生事務中指導我們，才能使我們窺見自然的祕密。因此，離開這種進行方法，則人類的全部思想、全部聰明、全部設計，便都歸於無效；不但如此，而且人的心中會因此根本不可能再有那些官能或能力（參閱31節）。只要一考慮到這方面的利益，就可以把由此可能發生的特殊麻煩都抵消而有餘。

152 我們還當進一步考察，自然中的缺點和汙點，也並非沒有作用，因爲它們正可以把其餘部分的美麗放大，湊成一幅美景，正如畫中的影子，能襯托較明顯的部分一樣。我們還應當仔細考察一下，我們之所以認爲種子的消耗、動植物在未成熟前偶然的毀壞，是由於造物主的不明智，那種責難是不是由於我們看慣了無能力、節儉的人們而有的偏見。就人類而言，節儉從事自然可以說是聰明的，因爲他在獲得那些事物時，是要費許多辛勞。但是我們不要以爲動植物妙不可言的結構，在產生時，比一塊小石頭多費了造物主的辛勞。明顯不過的是一個全能的精神，可以只憑其單純命令或意志的運作產生出任何事物。因此，自然事物豐富多彩，不該視爲是造物主的弱點或奢靡，反而可以證明祂的能力無限豐富。

153 至於說到由一般的自然規律，和有限不完全精神的行動而來的，世界上所混雜的那些痛苦或不快，在我們現在所處的狀況下，正是我們幸福的必要條件。不過我們平常的見識太狹窄了，例如：我們只想到一個特殊痛苦的觀念，認爲它是一種罪惡，實則我們如果擴大眼界，如果觀察各種事物個別的目的、連結和相互依賴，觀察在何種情形下，以何種比例，我們要受到痛苦與快樂的刺激，觀察人類自由的本性，觀察上帝造人的計畫——我們如果觀察到這些方面，則我們便不得不承認有些事物，若就其本身論雖是惡的，可是我們如果就它們和全體存有體系的聯繫看來，它們是有善的本性的。

154 由前述可見，任何有思想的人都會看到，人們所以贊成無神論和摩尼邪教③，只是因爲他們缺乏注意，不能放眼觀察。渺小而不反思的靈魂，也許會譏

③ 摩尼教創始於摩尼（Mani），摩尼生於巴比倫（二一六—二七六年）。他的宗教是二元的。光明和黑暗是世界上兩大勢力，光明是善的，黑暗是惡的。他以爲這話不是譬喻，乃是實在

笑上帝的工作，因爲他們沒有能力來了解，或者不肯費心來了解造物的美麗和秩序。但是人們只要能正確地、充分地運用思想，並且能習於反省，則他們會對在自然結構中，光彩奪目的神明智慧和善意痕跡讚嘆不已。不過眞理雖然可以很強

的事實。因此宗教的知識就包含著關於自然及其各種元素的知識，而且要想超度，就得先使光明的元素擺脫黑暗的元素。

現實世界自相矛盾的特質，構成了摩尼的思辨起點。從世界的自相矛盾，他就斷言，有兩種完全互相差異的存在——光明和黑暗。他把光明和黑暗想像爲兩個王國，光明首先表現爲原始的善的精神（上帝充滿了愛、信、誠實、高超、聰明、慈惠、知識、理解、神祕和洞見），其次又表現爲光明的諸天、光明的地球，以及它們的保護者——光榮的天使。黑暗也是一個王國（或者較正確的來說，它被設想爲一個精神的女性人格），不過它沒有上帝爲它的首領。它占領著一個黑暗的地球，撒旦和群鬼是生於黑暗王國中的。這兩個王國是亙古對立的，它們一面互相接觸著，不過它們卻永遠不能相混。於是撒旦就侵入光明的王國裡，而光明之國的上帝便生了原始的人，差遣他來和撒旦交戰。不過撒旦勢力較大，所以原始的人就被制服了。後來光明的神雖然跑到戰場，藉由新的天神的幫助，使撒旦完全失敗，並且使原始的人獲得自由，不過原始的人已經被黑暗把自己的光明剝奪了一部分。

摩尼相信自己是世界上最大、最後的預言家，他超過了以前一切神聖的啟示，他要建立一個完美的宗教。——譯者注

地照耀人心，可是我們如果心存厭惡，或者故意把眼閉上，它還能讓人看到嗎？一般人既然專心於俗務或享受，而不常睜開自己心靈的眼，那麼他們對於上帝的存在不能明知灼見，如理性造物所應有的，又何足爲奇呢？

155 我們該驚異的是，人們爲什麼愚蠢得忽略了那樣明顯而重要的眞理，卻不驚異在他們忽略了以後，他們不相信那個眞理。可怕的是生在基督教國家許多天才、閒暇之人，卻因爲懶惰異常，竟至淪爲無神論者。因爲一個靈魂如果透徹地、了然地感覺到全能精神的遍在、聖潔和正義，則他絕不會怙惡不悛，毫無羞恥地觸犯祂的法律。因此，我們應當認眞思考、玩味那些重要之點；這樣我們或者會毫無疑義地確信，「天主之眼可以到處看到善惡」，可以確信，祂到處和我們相伴，祂給我們麵包吃、給我們衣服穿；可以確信，祂呈現於且意識到我們最深的思想；可以確信我們是絕對地、直接地依靠祂的。我們如果能明白地看到這些偉大的眞理，則我們會產生戒愼之心、恐懼之念，這正是促使人向善的最大動機，防人爲惡的最好武器。

156 在我們的研究中，首要的是考察上帝和我們的職責；我所以要費心來從事研究，主要目的也正在於提醒人考慮這一點。因此我所說的話，如果不足以促使讀者產生上帝臨在的虔誠感，則我可以認爲我的辛苦都是無用的、白費的。不過，我既然指出學者們主要從事的那些空洞的思辨是虛妄無用的，因此，我們或者較容易使他們恭敬接受益人利物的福音眞理，因爲認識並實行那些眞理，人性才能達到最美滿的境地。

喬治・巴克萊年表

George Berkeley, 1685-1753

年分	記事
一六八五	三月十二日，出生於愛爾蘭基爾肯尼郡（County Kilkenny）。
一七〇〇	進入都柏林三一學院（Trinity College, Dublin）學習。
一七〇四	獲都柏林三一學院文學學士學位。
一七〇七	獲都柏林三一學院文學碩士學位。
一七〇九	出版首部著作《視覺新論》（*An Essay Towards a New Theory of Vision*），討論了人類視覺的侷限性，並提出正確的視覺對象不是物質，而是光和顏色的理論，其理論作為建立現代光學理論的重要組成部分。
一七一〇	1. 出版《人類知識原理（第一部）》（*A Treatise Concerning the Principles of Human Knowledge, Part 1*）（巴克萊之後都沒出版第二部）。 2. 受命為聖公會（Anglican Church）牧師。

一七一三—一七二〇	1. 一七一三年，出版《西拉斯和菲羅努斯的三場對話》（*Three Dialogues between Hylas and Philonous*），確立其經驗主義、唯心主義哲學思想。 2. 離開愛爾蘭，至歐洲各國旅遊。
一七二一	1. 受命為愛爾蘭卓莫爾教堂主持。 2. 回都柏林三一學院任教，教授神學和古希伯來語。 3. 出版《論運動》（*De Motu, On Motion*），對牛頓絕對空間、時間和運動概念提出反駁。
一七二八	與愛爾蘭公共法庭首席大法官約翰・福斯特（John Forster）之女安・福斯特（Anne Forster）結婚後，前往北美羅德島（Rhode Island）買下一處莊園定居。
一七三一	離開羅德島，返回英國倫敦，並向耶魯大學捐贈了他的莊園及近千本書。

一七三四	1. 被任命為愛爾蘭克洛因聖公會主教（Bishop of Cloyne）。 2. 針對由牛頓和萊布尼茲所創立的微積分理論，巴克萊指出其中缺陷，出版了一本標題很長的書——《分析學家：致一位不信神的數學家的談話（其中考察了現代分析的對象、原理和推論是否比宗教的神祕、信仰更清晰地表達或更明顯地推論）》（*The Analyst: A Discourse Addressed to an Infidel Mathematician [Wherein It Is Examined Whether the Object, Principles, and Inferences of the Modern Analysis Are More Distinctly Conceived, or More Evidently Deduced, Than Religious Mysteries and Points of Faith]*），認為牛頓「依靠雙重錯誤得到了不科學卻正確的結果」。巴克萊提出的問題被稱為「巴克萊悖論」（無窮小量究竟是否為零？就無窮小量在實際而言，它必須既是零，又不是零。但從形式邏輯而言，這無疑是一個矛盾）。

一七四四	出版最後一本書《西瑞斯》（*Siris*），將松焦油水視為藥用萬靈丹，並提出「存有之鏈」（a chain of being）的說法。
一七五一	兒子威廉去世。
一七五二	退休，移居牛津。
一七五三	一月十四日，於家中逝世。

經典名著文庫 191

人類知識原理

A Treatise Concerning the Principles of Human Knowledge

作　　者 —— 喬治・巴克萊（George Berkeley）
譯　　者 —— 關文運
校譯、導讀 —— 俞懿嫻
發 行 人 —— 楊榮川
總 經 理 —— 楊士清
總 編 輯 —— 楊秀麗
文庫策劃 —— 楊榮川
本書主編 —— 蔡宗沂
特約編輯 —— 石曉蓉
封面設計 —— 姚孝慈
著者繪像 —— 莊河源
出 版 者 —— 五南圖書出版股份有限公司
地　址 —— 台北市大安區 106 和平東路二段 339 號 4 樓
電　話 —— 02-27055066（代表號）
傳　眞 —— 02-27066100
劃撥帳號 —— 01068953
戶　名 —— 五南圖書出版股份有限公司
網　址 —— https://www.wunan.com.tw
電子郵件 —— wunan@wunan.com.tw
法律顧問 —— 林勝安律師
出版日期 —— 2023 年 3 月初版一刷
定　　價 —— 250 元

國家圖書館出版品預行編目資料

人類知識原理 / 喬治・巴克萊 (George Berkeley) 著 ; 關文運譯.
-- 初版 -- 臺北市 : 五南圖書出版股份有限公司，2023.03
面 ; 公分. -- (經典名著文庫 ; 191)
譯自 : A treatise concerning the principles of human knowledge.
ISBN 978-626-343-684-8(平裝)

1.CST: 哲學

144.41　　111021735